循環的・累積的因果関係論と経済政策
―― カルドア、ミュルダールから現代へ ――

槙　満信

時潮社

まえがき

　本書は、2006年11月に東京大学に出した課程博士論文を一部直した上で、新たに補論を付け加えたものである。こうして書物にするに際し、各章のもととなった論文の著作権者（それぞれの論文の載った雑誌）からは快く利用のお許しを頂くことができた。初出は次のとおりである（初出の書かれていない章は書き下ろし）。

第1章　「EEC加入問題とカルドアの収益逓増・成長論（上）」（『一橋論叢』第120巻第6号、1998年）、「EEC加入問題とカルドアの収益逓増・成長論（下）」（『一橋論叢』第121巻第6号、1999年）
第2章　"Kaldor's Ideas Embodied in His Development Economics"（『経済学史学会年報』第41号、2002年）
第3章　「カルドアの収益逓増・成長論における分配関係」（『経済科学』（名古屋大学）第50巻第3号、2002年）
第4章　「ミュルダールの貨幣的経済理論と不均衡過程」（『一橋論叢』第131巻第6号、2004年）

　研究者書の出版がけっしてたやすくない今日、学術出版における老舗といってよい時潮社から自分の記念すべき書物が出せたことは、まことに身に余る光栄である。出版を引き受けてくれたことに心より感謝したい。実際に書物として作りあげてゆく過程においては、相良智毅氏、西村祐紘氏にお世話になった。これからも良い書物を世に送り出すことでいっそう栄えていってくれることを願うばかりである。

目 次

まえがき 3

序 章 循環的・累積的因果関係論とは何か ―― 9
―― カルドアとミュルダールとを例に ――

1 はじめに 9
2 循環的・累積的因果関係論とは 11
3 全体の組み立て 16

第1章 カルドアの収益逓増論とEEC政策 ―― 27

1 はじめに 27
2 EECに加わるまでのイギリスの動き 27
3 EECの農業政策が孕む問題 29
   （1）EECの農業制度 29
   （2）農業面についての両者の態度 30
4 リベラルな国際経済関係の構築―ミードが重く見たもの 34
5 製造業における収益逓増と経済成長―カルドアが重く見たもの 38
   （1）均衡理論と成長理論 38
   （2）EEC域内貿易自由化に対する反発―自由貿易に対する天誅 43
6 結 び 47

第2章 カルドアの収益逓増論と開発政策 ―― 55

1 はじめに 55
2 カルドアの開発経済学の要としての二重の為替相場政策 57
3 二重の為替相場政策に表されたカルドアの理念 60
4 結びの所感 65

第3章 カルドアの収益逓増論と所得分配政策 ―― 71

1 はじめに 71
2 ケインズ派成長理論と新しい成長理論との相違 73
   （1）ケインズ派成長理論 73
   （2）新しい成長理論 76

3 カレツキの分配理論との接合可能性　80
   4 カルドアの2部門成長理論とリカードの分配理論との対比——結びに代えて　86

第4章　ミュルダールの累積過程論と金融政策 ―――――93
   1 はじめに　93
   2 ミュルダールの貨幣的均衡論　94
   3 ミュルダール理論の特質　99
　　（1）利子率に対する見方　101
　　（2）相対価格の理論と絶対価格の理論との二分法　102
　　（3）重力の中心のように長期均衡を決めている力　104
   4 結　び　106

第5章　ミュルダールの累積過程論と国際経済政策 ―――111
   1 はじめに　111
   2 ミュルダールの国際経済関係論　112
   3 「経済理論家」と「制度派経済学者」とのつながり　117
   4 宮崎とくらべた場合のミュルダールの見解の特徴　120
　　（1）トランスナショナルな枠組みに移行する国民経済　121
　　（2）ミュルダールの見解は今日正しいか　123
   5 結　び　126

終　章　カルドア、ミュルダールから現代へ ―――――133
　　――循環的・累積的因果関係論と経済政策――
   1 はじめに　133
   2 循環的・累積的因果関係論のおおまかな流れ　134
   3 循環的・累積的因果関係論の用い方に見るカルドア、ミュルダールの特徴　136
   4 結　び　142
　　（1）現代経済学における循環的・累積的因果関係論の位置　144
　　（2）今日的意義、そして残された課題　151

補　論　村上の費用逓減論と産業政策 ―――――――――159
   1 はじめに　159

2　費用逓減から「多相的な経済自由主義」へ　160
　　（1）費用逓減　160
　　（2）開発主義　163
　　（3）多相的な経済自由主義　166
 3　村上の議論の特質　168
　　（1）カルドアとの比較において　168
　　（2）ミュルダールとの比較において　171
 4　結　び　176

あとがき　181

参考文献　185

索　引　201

　　　　　　　　　　　　　　　　　　　　装幀　比賀祐介

序章 循環的・累積的因果関係論とは何か
―― カルドアとミュルダールとを例に ――

1 はじめに

　ここに始まる一連の取り組みは、N.カルドア、K.G.ミュルダールといった経済学者が循環的・累積的因果関係の原理というものを使って経済をどのように説明し、どういう政策を唱えたか、またそこにはどういう理念があったかということに関する研究である。

　循環的・累積的因果関係論そのものを主題とした研究はまだそれほどあるわけではないが、それでもすでに一冊の本が出されている[1]。他方でカルドア、ミュルダールといった個人に焦点を合わせた研究はこれまでにさまざまな面からなされてきており、本もそれぞれいくつか出ている[2]。ただ我々の見るところ、循環的・累積的因果関係の原理自体が主題となっている研究においてカルドアやミュルダールの経済分析が俎上に載せられることはあっても、カルドアもしくはミュルダールについての個人研究において循環的・累積的因果関係論とのかかわりが考えられることはあまりなかったように思われる。

　もう少し具体的に言おう。カルドアの分配理論や成長理論に関しては、もちろんこれまでも多くの研究がなされてきた。しかしそれらは主にケインズ派分配・成長理論や農業・工業2部門モデルについてのものであり、収益逓増・成長論を軸にしてそれと（国際）経済政策とのかかわりを論ずるといった形での研究は不十分であったように思われる。さらに、彼が1950年代に打ち立てた分配理論はケインズ派成長理論での一被説明変数であったにもかかわらず、後期の成長理論とかつての分配理論との併用という勘違いが本人にすら見られ、後の研究でもその点について踏み込んで考えたものはなかった。ミュルダール

の貨幣的経済理論についてもこれまでにいろいろと触れられてきているものの、貨幣分析、実物分析という区別からJ. G. K. ヴィクセルの理論とくらべてみることで、いっそう不均衡理論の特質がわかる余地があるように思われた。さらに、「経済理論家」ミュルダールが再構築したヴィクセル的累積過程の考えがのちの「制度派経済学者」ミュルダールによる国際経済の分析に生かされていたのかどうかということや、彼の国際経済関係論が今の時点から見てどう評価できるかということについても、それほど研究されてこなかったように思う。

　そこで本研究ではこうした点を補うべく、まずはカルドアの収益逓増・成長論を軸に据え、その理論と国際経済政策——EEC加入論議、開発政策——とのつながりをはっきりさせることに努める。加えて、彼の後期の成長理論と併用すべき（であった）分配理論に関して考察を行う。次いでミュルダールの貨幣的経済理論の特質をはっきりさせるべく、利子率に対する見方、相対価格と絶対価格との二分法、重力の中心のように長期均衡を決めている力、の三点からヴィクセルとくらべる。そしてそうしたミュルダールの不均衡累積過程論の考えがのちの国際経済関係の分析にも生かされているか否か確かめ、それに続いて、ミュルダールの唱えた国際経済関係論について現代的評価を試みる。まとめていえば、カルドアあるいはミュルダールといった個人を対象とした上で、経済を分析し政策論を唱えるに際して循環的・累積的因果関係論がどう使われたのか、さらにそこには彼らのどんな理念があったのかということを調べてみるというわけである。このあたりが、この主題に関して為されてきた研究——Toner (1999) や藤田 (2004) など——とくらべた場合の本研究の独自性であると考える。また我々は終章において、循環的・累積的因果関係論の流れをどう見るかということについても、Toner (1999) や藤田 (2004) とは違った解釈に辿り着くことになろう。こうした取り組みによって、主流の経済学に必ずしも満足できない思いを抱いている読み手に対してなんらかのかぎを差し出すことができればと考えている（それぞれの章で繰り広

げている話の中身やそのねらいについては第3節で述べるので、詳しくはそちらに委ねたい）。

その前に我々はまず、そうした話に入る以前の事柄——循環的・累積的因果関係論とは何であるのか——についてはっきりさせておく必要がある。次節では、その作業に取り掛かろう。

2　循環的・累積的因果関係論とは

経済学はできてからもう二百数十年たっている。その間に起こった限界革命、ケインズ革命などという大きな出来事を節目として、各時代の経済学はそれぞれいちおう決まった名前で呼ばれている[3]。一般に、1870年代の限界革命よりも前は労働価値説を土台とした古典派の時代であり、限界革命の後は、希少性で値打ちを計る新古典派の時代となったと言われている。新古典派はミクロの経済学であったため失業問題の解決は労働市場に求められたが、1930年代のケインズ革命によってマクロの経済学が生まれ、それによって、失業問題の原因は財市場、さらには金融市場に求められることになった。1930年代にはほかにも計量経済学会が出来たりオックスフォード経済調査が行われたり不完全競争論が生まれたりという動きがあり、ケインズ革命と併せて、経済学が新しい時代に入ったというにふさわしい時期であったといえる[4]。そういうわけでここでは、学界で必ずしも合意された呼び方でないことを自覚しながらも、1930年代以後の経済学をまとめて現代経済学と呼ぶことにする。このように決めたからといってべつに、1930年代以後に経済学が「現代経済学」なる単一の考えに収まったといいたいのではない。この時期から今日に至るまでの経済学を全体としてそう呼ぼうというだけのことである。限界革命の後は新古典派の時代になったと教科書的に言うとき、それがべつに歴史学派、オーストリア学派などの存在を無視しようというのでないのと同じである[5]。

その現代経済学では今やミクロ経済理論（ゲームの理論）がほとんど

すべての応用分野の土台となっている。そこにおいては、具体的な産業の問題や貿易の問題についてモデルを作り、それを統計によって実証するというのが規定方針となっている（マクロ経済理論もあるが、それも個々の経済主体の最適化に関する仮定からモデルを作っていくものとなっており、発想はミクロ経済理論と同じである）。またそこでは長い間、均衡を軸とした分析が繰り広げられてきた。均衡とは、（その理論に登場する）各経済主体が利潤最大化・効用最大化等の行動基準に基づいてものを作ったり売り買いしたりした結果、経済全体が最後に落ち着く先の状態のことである。この均衡理論を用いて経済を分析するということは、現実はつねに均衡状態にあると考えるのと同じことである。たえず動いている経済について、そのどの部分を取ってきても均衡しているととらえる——たしかにこうすることでうまく分析できる問題もあるかもしれないが、いかに現実に近づくための一つの便法とはいえ、これはなんとも不思議なやり方である。しかしこのやり方こそ、経済学に広く行きわたっているものなのである[6]。

　もちろん、このような考えに則って経済の研究を進めている主流派だけが現代経済学なのではない。それ以外にもさまざまな立場に立つ経済学者がおり、彼らは主流派のやり方にそれぞれの観点から疑問を抱いている。そして、現実問題に取り組んだり過去の偉大な経済学者の成果に手掛かりを求めたりしながら、より得心できる経済分析に向けて日々努めているのである。循環的・累積的因果関係論というのはそうしたものの一つである。これは部分均衡分析、内部経済・外部経済といったA. マーシャルの分析道具をめぐる費用論争を糸口として、いろいろな経済学者に受け継がれながら発展してきた理論である[7]。次章以降見てゆくように、カルドアやミュルダールはこの理論を用いて現実を分析し、その中でいっそう理論に磨きをかけてきた代表的人物である。

　では、循環的・累積的因果関係論とはかいつまんで言えばどのような理論なのだろうか。人によってその細かい中身にはばらつきがある

序　章　循環的・累積的因果関係論とは何か

ものの、そのいずれにも共通しているのは、ある条件が変わったことによって別の条件（複数でもよい）もそれと同じ向きに変わり、そのことがもとの条件をいっそう大きく（同じ向きに）変える、といった繰り返し過程のことを指すという認識である[8]。ミュルダールはほかの学者とは異なってこの考えにかなり方法論的な関心を寄せており、これについてあちらこちらで断片的なことを述べていた。それをP.トナーは次の七つにまとめている[9]。循環的・累積的因果関係論を用いた学者がおしなべてこれら七つの性質を認めていたわけではないが、この原理がいかなるものであるのかを考える際に役に立つと思われるので、それを次に挙げておこう。

（a）経済・社会体系における変化が、いっそう他から独立した、もしくはいっそうつよまりつつある変化を引き起こす。
（b）体系の時間変化率や、それを組み立てている諸変数は不変のものではない。
（c）社会的要因・経済的要因はともに発展や低発展のもととなるものであり、これらの要因を勝手に区分けすることはできない。
（d）循環的・累積的な諸力は意識的に制御することができる。
（e）循環的・累積的因果関係の理論は経済の下落・成長の説明にも、先進国・低開発国の説明にも、ひとしくあてはまる。
（f）循環的・累積的過程はおもに産業化によってもたらされる。
（g）成長率ないし下落率は自己制限的たりうる。

これらのうち、まずは（a）について説明しよう。これはつまり、ある変化が起きた場合、それに抗うような力が社会システム内でひとりでに起きてくることがないばかりか、むしろシステムを同じ向きになおつよく動かす力が起きてきてしまうということである。第1章、第2章、第3章では製造業における動的な収益逓増によって生産性の成長と市場の拡大とがお互いにつよめあってゆく話としてこれが出て

13

くる。第4章ではいくつかの型があるが、たとえば、企業家の予想好転によって生産財が値上がりし、それが所得を増し、消費財需要を盛り上げ、消費財の値上がり、資本価値の高まりへとつながってゆく過程として登場する。また第5章では、福祉国家において国民的統合と経済進歩とが互いにつよめあってゆく過程を説明するものとして用いられている。この（a）こそ七つの中でもっとも根本的な性質であり、以下の六つの性質はここから派生してくるものといってもよい。

　もっともこのように言ったからといって、（b）以下の性質が大切でないというわけではない。実際カルドアやミュルダールの政策論は（b）以下の性質を踏まえることでこそ導かれたものであるからである。そこでこれらについても手短かに説明しておく。まず（b）は、同じ事柄から起こってくる累積過程であっても、ある要因の変化はゆっくり起こり、別の要因の変化は素早く起こることがあるという話である。（c）は、動きつつある社会システムの中において、その原因となるたった一つの基本的要因——経済理論はともすれば経済的要因のみをそうした基本的要因とし、非経済的要因をないがしろにしがちである——を見出だそうとするのはおかしいということである。これは第5章でもっともはっきりした形で見られるもので、そこでは、機会の平等という非経済的要因が因果関係の中で大きな役割を担わされている。（d）は、もし循環的・累積的因果関係を働くままにしておけば発展と低発展との同時存在を許すことになり、貧しい国や地域には絶望しか残らないことになる反面、そうした動きをよく押さえた上で国が政策的干渉を行うならば、事態を切り開くことができるという話である。第1章、第2章、それから第5章で出てくるのはまさにこうした話であって、カルドアにしてもミュルダールにしてもそうならないためのてだてを打ち出したのであった。（e）は言葉どおり、循環的・累積的因果関係の原理は低発展だけでなく発展をも説明できるという主張である。これも（d）と同じく、第1章、第2章、第5章でカルドアもしくはミュルダールが論じていることである。彼らはこ

の枠組みにのっとることで、国際経済の動態を広く見渡したのであった。（f）は、一人あたり所得が国や地域によって異なるのは、おもに、その地において工業化がどれだけ進んだかということによって決まってくるということである。これは収益逓増ということで第1章、第2章にじかにかかわってくる論点である。最後に（g）は、循環的・累積的因果関係は必ずしも無制限に働くものではないということである。たとえば体系内で外部負経済が生まれれば発展している土地においてもその勢いが削がれることはありうるし、逆に低発展の過程を辿っている土地であっても、そこに拡張効果が持ち込まれれば、低発展の勢いは弱められるというわけである。

さて、こうした特徴のある循環的・累積的因果関係論においてとりわけ大事になってくるのは、収益逓増、外部性という二つの考えである。収益逓増というのは、主流派においては（工場における）規模の経済という考えを通して調べられる。これはあくまで静的な概念であり、知識や要素価格は一定であるとされている。それゆえに、生産量が増して規模の経済が働いた後でも、ふたたび生産量を減らせばU字形をした包絡平均費用曲線に沿って平均費用はあがってゆく。また包絡平均費用曲線がU字形をしているおかげで、規模の経済はある生産量までしか働かず、産業が寡占や独占といった状態には陥らないことになっている。これに対して循環的・累積的因果関係論では、要素価格を一定と見ない。資本財や中間財といった生産された生産財はそれ自体を作る際にも収益逓増が働くと考えるのである。また、経済成長率と技術変化率との間には正の相関があると考える（技術変化の内生性）。主流派と違って多くの動的な経済性を中心に据えているので、生産量が減った場合にも費用の水準がもとに戻ることはない。この動的な経済性というのは、おもに実行による学習に結びついている。そのことから出てくる命題として、もっとも能率的な生産に達するには生産過程の経験を積まねばならないというものや、生産過程の累積的経験は技術変化に至るというものがある。

外部性については、同じ循環的・累積的因果関係論の理論家の中でも、それが競争的市場経済の能率的な働きと両立するとしたA. A. ヤングと、私的な費用・便益を社会的な費用・便益からそらす重要なものであるととらえたヤングより後の人たちとでは、その受け止め方が異なる。外部性も収益逓増と並んでいろいろな使われ方をする術語であるが、それについては、T. シトフスキーによって技術的外部性と金銭的外部性との区別がなされている。技術的外部性とは均衡理論で用いられる外部性の概念であり、経済の構成員の間でじかに相互依存があるときに起こるものである。他方で金銭的外部性というのは低開発国の産業化の理論で用いられるものであり、こちらについては、市場機構を通しての相互依存から起きてくるものとされている。低開発国の産業化を考える理論では市場の相互依存はこの金銭的外部性のために私的・公的な便益の不一致を産み出すことになるが、均衡理論では私的な収益性と社会的に望ましい資源配分とが市場によって最適化・平等化されることになっていて、シトフスキーはここに均衡理論の限界を見る。H. チェネリーはさらに、循環的・累積的因果関係論で用いられる金銭的外部性を、垂直的外部性（生産における市場の相互依存）と水平的外部性（消費者の所得増を通しての相互依存）との二つに分けている。前者は生産のために使われる生産財・中間財の供給における生産性の改良から来る経済性のことであり、後者はある企業（産業）の生産拡張によってほかの企業（産業）まで消費者への売り上げが増すという経済性のことである。以上が循環的・累積的因果関係論の基本的なものの見方である。

3　全体の組み立て

　それでは以下、それぞれの章の内容およびそこにこめられた意図について説明してゆこう[12]。
　第1章は、1960年代、70年代と大きな論争を引き起こしたイギリス

のヨーロッパ経済共同体（EEC）加入問題について、カルドアが反対したよりどころをその収益逓増・成長論の中に求めようとしたものである。そこでは収益逓増・成長論の全体像を描きつつ、それがいかにして政策と結び付いたのか論じている。この作業に際しては、カルドアと同じく反対意見を表明していたJ. E. ミードのよりどころについても論ずることで、加入反対という彼らに共通した判断がそれぞれまったく別の根拠から導かれてきたことを示すようにした。すなわち、カルドアの根拠は加入によって（当時経済成長率が相対的に低かった）イギリス経済の状態がいっそう悪くなるというものであったのに対し、ミードの根拠はイギリスの加入はリベラルな商業地域の形成を阻むことになるというものであったのである。

　本文の中ではあまり触れなかったが、実は両者が重く見た点の違いというものは、現代の国民経済のありかたについて経済学者はどう発言すべきかという問題に通ずるものであると考えている。自国の経済が望ましい状態にないときに、カルドアのように自国経済が現実により惨めな姿になるのを防ぐことこそが経済学者の使命であると考えるか、それとも国際貿易機構（ITO）を構想したミードのようにどこまでも国際経済関係の理想を追求する形での政策提言を経済学者の本分として心がけるか。本文で扱ったEEC加入問題の場合は、たまたま両者の考えは結論において一致した。しかし一般には必ずしも一致するとは限らない。そうしたとき、経済学者はある意味で経済学を超えた判断を求められることになろう。

　第2章では、カルドアが開発政策のかなめとして唱えた二重の為替相場政策について論ずる。これまでカルドアの開発政策は彼の後半期の成長理論（収益逓増・成長論、2部門成長理論）の派生物のような見方をされてきた。たしかに彼の開発政策と成長理論とは多くの点で重なっているといえる。しかしここでは（成長理論の単なる応用としてではなく）あくまで開発論を軸として彼の開発政策を整理し、そこにこめられた理念を明らかにしようと努めている。それによって、カルドアが

経済の実証的な性質を認識したうえでそれを規範的な政策にうまく転換しようとしていたこと、「自由貿易」というものがもたらす効果の悪い側面を一面的に強調するのではなくそうした面を抑えつつ良い面を生かそうとしていたことが示された。

人によっては循環的・累積的因果関係をもとにしたカルドアの収益逓増・成長論について、これは単に経済の実証的な性質を是認しているだけなので帝国主義的な発想に至ったり自由貿易を否定したりすることにつながると言ったり、循環的・累積的因果関係論を含めた進化経済学全般を相手どって、「経済的ロマン主義」であると手厳しい批判を投げかけたりしている。進化経済学全体に通じている者ならともかく、そうでない者にとっては、そこにあまねくそうした傾向が見られると言っていいのかどうかなど、なかなか見当もつかない。しかし少なくともカルドアについては、この第2章で確かめたごとく、自由貿易否定や帝国主義がその理論の帰結であると言うことはできないと思われるのである。

第3章は第1章、第2章とは違い、政策理念との係わりを扱ったものではない。ここで問題としたのは、カルドアの収益逓増・成長論にはそれに対応した分配理論がないことであった。本文でも書いたように、カルドアがかつて築いた分配理論というのは、彼の前半期の成長理論――ケインズ派成長理論――と一体不可分になっているものであった。つまり、後半期には成長理論が別のものに変わったにもかかわらず分配理論が前のままで残りつづけるということは決して自然なことではないのである。カルドアがこのことを自覚していたかどうかは定かでないが、没する2年前（1984年）に行った一連の講演「世界経済における成長および停滞の諸原因」の記録を見ると、どうも後半期の成長理論と前半期の分配理論とが併用されているように見受けられる。

そこでこの章では、カルドアの収益逓増・成長論と矛盾しないような分配理論を考えるとすればそれはどういったものになるか探究する

序　章　循環的・累積的因果関係論とは何か

ことにした。具体的には、カルドアが「ケインズ派分配理論」を築いたときに否定したM.カレツキの分配理論に注目し、それがカルドアの収益逓増・成長論と整合しうるかどうか、またその場合の条件は、ということについて追究した。さらに、カレツキの分配理論に動的な収益逓増を織り込むことを試みてみた。

　この作業はできるならば農業をも含んだ2部門成長理論について行うのが望ましいことはいうまでもなく、最初はその積もりでの取り組みが行われていた。ところが実際に作業を進めてゆく中で、カルドアの収益逓増・成長論を織り込みつつも一方の生産物が他方の生産要素として用いられる際の分配関係を考えるというのはそう簡単ではないことがはっきりしてきた。収益逓増が働く工業での分配のみを扱い、2部門成長理論については軽く触れるにとどめることにしたゆえんである。

　第4章は、ミュルダールの築いた貨幣的経済理論における不均衡過程がどのようなものなのかをはっきりさせることを目的として書かれた。それに際しては、C.ロジャーズがミュルダールを貨幣分析に入れ、(ミュルダールの先達であった)ヴィクセルを実物分析に入れたのはどうしてかということを考えるという形をとった。具体的には、利子率に対する見方、相対価格の理論と絶対価格の理論との二分法、重力の中心のように長期均衡を決めている力、といった三点から両者の違いを調べた。

　この章からミュルダールの学説が主題となっているため、一瞥するとそれまでの三つの章と無関係な問題意識の下に書かれたもののように見えるかもしれない。ここで本書における問題意識の流れを述べることにより、その点を補いたいと思う。本書の元となった研究の初期においては、カルドアが1960年代あたりから注目しはじめた収益逓増・成長論が関心の中心にあり、その理論と彼の経済政策とのかかわりを中心に探究が進められてきた。そうするうちに、循環的・累積的因果関係という考えをカルドアがそもそも借りてきたというミュルダール

の経済学にも関心を払うようになってきた。そして、ミュルダールの作った循環的・累積的因果関係論と経済政策とのかかわりについても探究したいと思うに至ったというわけである。

　ミュルダールの『貨幣的均衡論』(1931年)は彼が経済理論家として名声を博した書物であり、言われているように制度派への批判もたしかに書かれている。しかし実際に読み込んでみて思うのは、これを書いた時点ですでに十分広い視野を持った社会科学者であったということである。普通の経済学徒が理論専攻で大学院を出てあのような書物を書くことはまず無理であろう。

　第5章では、ミュルダールの国際経済関係論を扱う。彼は福祉国家では経済格差が縮み、低開発国では経済格差が広がり、国際経済においても経済格差は広がるとした。この章では、その理由を彼の言うところに沿ってまとめた上で、次の二つのことについて追究する。第一は、かつてミュルダールが経済理論家として築いた貨幣的経済理論の成果が、のちに制度派経済学者として行った国際経済関係の分析に活かされていたのかどうかということである。第二は、1980年代ごろからさかんにミュルダールの議論を援用するようになった宮崎義一の考えに照らし合わせたとき、ミュルダールの国際経済関係論はどれぐらい妥当なものといえるかということである。

　ミュルダールは理想の力というものを大事にしていた。「福祉世界」ということを言えたのも、国民的統合ができた人類なら国際的統合だってできないことはない、という思いがあったからではないだろうか。しかし現実は厳しい。先進国の国民的統合すら、本当に保たれているのか今ではよくわからなくなってきている。来たるべき「トランスナショナル・シビル・ソサイェティ」の時代にそなえ、ミュルダールに倣って新しい時代の社会科学を志向していたはずの宮崎も、残念ながらその満足できる具体像を示せなかったように思われる。

　終章ではまず循環的・累積的因果関係論の流れをざっと眺めた上で、本研究全体の議論を振り返りながらカルドアおよびミュルダールの特

序　章　循環的・累積的因果関係論とは何か

徴をまとめる。そしてこの理論の今日的意義について考える。

　補論では我が国の経済学者である村上泰亮が登場する。村上はもともとは経済理論家として業績をあげた学者であったものの、その内部で終わってしまうことなく、さまざまな社会科学の成果を取り込んでいって最終的には自身の社会科学ともいえるものを築き上げた。その中できわめて大きな役割を果たしているのが費用逓減で、そこから導かれる（国際）経済政策はそれまでの通説を覆すものとなっていた。彼の議論で出てくる分析や提言はカルドアやミュルダールが言っていたことと近いものを含んでいるように見えるが、より丹念に見てみることによって、彼の主張の特質をはっきりさせたいというのがこの章のねらいである。

　ちなみに村上を扱ったこの章がどうして補論という扱いになっているのかについて、ここで説明しておく。村上は自身の議論を組み立てるに際して、その時点で公になっていたはずの概念「循環的・累積的因果関係」にいっさい触れていない。また単にその言葉を使っていないというだけでなく、シェアー拡大を目指した企業の価格引き下げ・投資競争が費用逓減をもたらすということは論じていながら、それが（うまくいった企業の）利潤を増やしていっそうの投資を引き起こすといった側面ははっきりと述べていない。費用逓減をものにした企業が引き続く競争において事実上圧倒的な優位に立つことは論理的には導かれうるものの、彼がその一巡を強調したとは言いがたいのである。そのため、議論としては大事なので取り上げながらも、「循環的・累積的因果関係」を主題とした本書では補論に持ってくることにした。

　では次に、これら一連の取り組みに関連するいくつかの論点について触れておこう。まず第1章および第2章に関していうと、収益逓増・成長論と国際経済政策とのかかわりを論じたのはいいとしても、それが主に貿易という視点からであって、金融という視点のほうはあまり顧みられなかったことがあげられる。

　また第2章ではカルドアがミュルダールのような態度で分析を行っ

ていたということを述べたが、(非経済的要因のいかんにかかわらず) 経済的要因をうまく操作すれば開発は成し遂げられるというカルドアの考えは、制度派のものとは言いがたい面を持っている。ポスト・ケインズ派は市場分析を、制度派は構造分析をおもに行うものであると仮に定めると、制度派の考えに近かったとはいえ、カルドアが構造分析を自家薬籠中のものにしていたとは必ずしも言えないのかもしれない。

　第3章ではカルドアの収益逓増・成長論に見合った分配理論の候補としてカレツキの理論を立てた。それに関連した論点といえば、産業構造が移り変わってゆく中で分配はどうなるかというものがある。ただ、D. リカードとは違い、カルドアおよびカレツキはいずれも分配率がわりと安定していることを事実として受け止めるところから出発した。したがって分配理論とはいっても、分配率が変化する仕組みをそれによって論じることはできないのである。

　第4章・第5章については、『貨幣的均衡論』におけるミュルダールの不均衡過程と、人種差別や不均等な地域開発を分析するときに彼が使った循環的・累積的因果関係という概念とを同じたぐいのものとしてみてよいかどうかという問題がある。ここで厄介なのは、「学派」というものがこの問題に二重にかぶさっている点である。つまり、制度派か否かという基準で見た場合にはミュルダールはたしかに変わったということができる反面、循環的・累積的因果関係論——トナーはこれを一つの学派であると言い切っている——から見た場合には、ミュルダールは早くからこの見方を身に付け、その後も一貫してこの考え方に則して経済を考えてきたということができるのである。単純に「ミュルダールは変わった (もしくは変わっていない)」と言えないゆえんである (ちなみに本書ではミュルダールの人種問題研究は扱わなかった)。

　補論で登場する村上は、思想的立場からいえばカルドアやミュルダールとやや離れたところにいると世上思われている。けれどもその成果、特に『反古典の政治経済学』(1992年) を謙虚に読んでみるならば、たんに彼がカルドア、ミュルダールと近いことを論じていたというこ

序　章　循環的・累積的因果関係論とは何か

とがわかるにとどまらず、いろいろな見方からものを考えることの重要性にもあらためて気づかされる。補論とはいえ、一つの章を設けて扱うゆえんである。

注
1）Toner（1999）を参照。
2）カルドアについて書かれた本としては、Lawson, Palma and Sender（1989）、Peuker（1997）、Targetti（1992）、Thirlwall（1987）、Turner（1993）などが、またミュルダールに関して書かれた本としては、Angresano（1997）、Appelqvist and Andersson（2005）、Barber（2007）、山岡（1976）などがある。
3）もっとも、「革命」という見方に消極的な研究者もいる。たとえば美濃口武雄、伊藤宣広はそれぞれ、限界革命、ケインズ革命というのは大げさな表現であるという旨のことを述べている。美濃口（1981）および伊藤（2006）を参照。また歴史研究者の間でも革命という考えは不人気であるらしく、たとえば産業革命などもなかったということになりつつあると聞いたことがある。ケインズ革命にしても、経済史家であるG. C. ピーデンが、イギリスの政策面にケインズ革命はなかったということを言っている。Peden（1990）を見よ。

　　たしかに「革命」という言葉には、物事を単純な図式だけでわかった気にさせてしまうおそれが潜んでいると思う。けれども逆に、あらゆる物事の連続的な面ばかりが強調されてしまうと、我々は大きな流れを見るときの道しるべまで失って、つかみどころのない細目研究のうしおを茫然と眺めなければならないことになりはしないだろうか。

4）伊東（1987）を参照。
5）実際にはケインズ革命の後も新古典派という名前はなくならず、戦後、アメリカではやった一般均衡理論を指すときに使われたり、どんどん新しい中身を作っていきつつある主流派全体を指して使われたりした。この言葉は、主流派以外の立場の者が主流派の呼び名として使うことが多い。というのも、主流派の中にいる者は傍流の経済学など端から認めておらず経済学は一つだという考えであって、いちいち自分たちのことを「〇〇派」と呼ぶ必要を感じていないからである。
6）もっとも、「均衡」という言葉の意味がずっと変わらなかったわけではない。ゲームの理論が出てきてからは、均衡というのは（価格理論のときとは違っ

て）ナッシュ均衡を意味するようになった。それに伴って需要と供給との釣り合いがとれていないような状況でも「均衡」と呼びうるようになり、もはや均衡はただ一つでもなんでもないことになった。冨浦英一はこのことについて、「合理性の仮定と数学的洗練を極めたゲーム理論によって、ケインズ的な「不均衡」状態を真正面から分析できるようになった」（冨浦 1995、23ページ）という言い方をしている。ただ変わったとはいっても、均衡という言葉が、それぞれの経済主体が自分にとってもっとも望ましい行動を取った結果として行き着く先を指していることには変わりがない。

7) このように書くと循環的・累積的因果関係論は費用論争以前にはなかったというふうに受け取られかねないが、そういうわけではない。A. スミスの分業論とのかかわりはよく取り上げられる話である。Buchanan and Yoon (2000) やChandra (2004) を見よ。ただスミスの場合、その著作の中に循環的・累積的因果関係論の兆しが見えていたということはできても、そうした考えを意識して取り上げ、それに基づいて議論を繰り広げていったとまでは言えない。なお、この原理が辿ってきた大まかな流れについては終章で触れる予定である。

8) 上村 (1997) の第13章、第14章を参照。

9) Toner (1999) の108-110ページを参照。

10) 以下、循環的・累積的因果関係論における収益逓増と外部性との説明については、Toner (1999) の第1章を参考にした。

11) 塩沢由典は限定合理性と収益逓増とを柱とした複雑系経済学へのすぐれた序説において、ページを十分に割いて、収益逓増という考えがいかに大事なものであるかということを諄々と説いている（塩沢 1997、の第11章、第12章を見よ）。その中で彼は、このごろ使われる収益逓増という言葉の中には規模の経済性、範囲の経済性、ネットワーク外部性、実行による学習の四つが入っているとしてそれぞれの概念の意味するところを調えた上で、これら四つがそれぞれに持つ値打ちを認めつつも、規模の経済性にもっとも重きを置いている。しかし循環的・累積的因果関係論にとっては、規模の経済性もさることながら、実行による学習こそ大切であると言わねばならない。なお、ネットワーク外部性とは「需要サイドの消費決定が、互換可能なネットワークの規模の大小を通じて、消費者相互の選好に直接的影響を与えるような技術的外部性」（依田 2001、13ページ）のことであり、実行による学習とは「生産の実地に携わることによって、技術のノウハウ、労働者の熟練度、組織の運営手法などが学習され、その結果、生産効率を引き上げる……こと」（村上 1992b、48ページ）をいう。

12) カルドアについては政策がまず扱われて理論に関する話がその後に来ている一方で、ミュルダールについては理論の話が先に来て政策が後になっている。これは、カルドアの理論に関する章は、循環的・累積的因果関係論そのものというよりもそれと両立しうる分配理論について論じたものであることによる。つまり、EECや経済発展の章に分配理論は出てこないにもかかわらず理論の章を第1章に持ってきてしまうと、その後、政策の話へと自然につながらず、いまひとつすわりがよくないと考えたのである。ミュルダールについては、国際経済の章の中で貨幣的経済理論に触れている以上、まず後者を扱うのが自然であると思われた。

第1章 カルドアの収益逓増論とEEC政策

1 はじめに

　イギリスの経済学者N.カルドアがケンブリッジ大学のリーダーから教授へと昇格したのは1960年代の中ごろのことであった。そのころイギリスは経済成長率が相対的に低いことで悩み、自分たちが入っているヨーロッパ自由貿易連合（EFTA）ではなくヨーロッパ経済共同体（EEC）に魅力を感じはじめていた。しかしカルドアは、EECに入るとイギリスは逆に不利益を被ることになると考えていたのであった。
　ここでは、同じイギリスの経済学者で戦後世界経済のルールを作るのに尽力したJ.E.ミードの考えと比べつつ、また部分的にR.F.ハロッドの考えも参照しながら、カルドアがEECに加わることに反対した理由について検討する。EECに入るということは当時のイギリスにとっては大きな決断であり、そのような問題について経済学者として論陣を張るにはそれなりの根拠となる論理がなければならなかったはずである。ミードは戦後世界経済のルールを、カルドアは製造業に働く収益逓増法則をそれぞれ特に重視して当時のEECへの加入を拒んだのであるが、その内容および彼らの求めていたものについて探ってみたい。

2 EECに加わるまでのイギリスの動き

　1950年の石炭・鉄鋼に関するシューマン・プランのころから、ヨーロッパではドイツ、フランスを軸とした関税同盟を築いてゆこうとする動きが出てきた。そして52年に西ヨーロッパの六ヵ国（フランス、ベ

27

ルギー、オランダ、ルクセンブルク、イタリア、ドイツ）の間にヨーロッパ石炭鉄鋼共同体（ECSC）が発足したのであるが、この関税同盟はドイツの工業力に頼ることでイギリスの参加を不要とするものであった。イギリスは大陸よりもアメリカとのつながりのほうが深いので敬遠されたのであった。イギリスはこれをただ拱手しているわけにはいかず、これに代わりえる計画として自由貿易地域（FTA）を大陸に向けて提案した。そのFTAは対外関税を設けずに連邦諸国や大陸諸国との貿易を行いたいというイギリスの意向を反映したものであったが、イギリスのこうした提案とは無関係に57年にはヨーロッパ原子力共同体（EURATOM）及びEECについての条約が結ばれたのであった。

　そして翌58年、先の六ヵ国の間でEECが成立した。このEECに対してフランスが期待していたのは関税同盟であり、イギリスの唱えていた低関税のFTAとはそもそも相いれないものであった。当時イギリスは保守党マクミラン政権の時代であり、EECに加わっても連邦諸国やイギリス農業に悪影響があるだけだということからそこには入らず、翌59年にEECに加わっていない六ヵ国と共にEFTAを作ることになった。EECは共通農業政策（CAP）を採用したり域外共通関税を設けたりして政治的な連合を目指すことまで決めていたが、EFTAのほうは工業製品の域内関税や割り当て制限を取り払うことぐらいしか目指されておらず、経済統合の利益はあまり受けられないという雰囲気があった。一度FTAの構想が頓挫したころからイギリスではEECに対する態度が変わりつつあり、国内の経済困難に苦しんだイギリス政府は、（労働党などイギリスの多くの組合がEECへ加わることに反対していたにもかかわらず）61年8月にEEC加入を申し入れるに至った。しかし、この申し出にはイギリスの農業保護やイギリス連邦の利益の保障が係わっており、フランスのド＝ゴールの反対によって拒まれるのであった。

　64年から労働党のウイルソン政権が始まったが、そのころからイギリス経済の凋落ぶりは明らかになってきた。そこで今度は労働党が

EECへ加わることを申し出たのであるが（67年5月）、これもド＝ゴールの反対に遭って拒まれるのであった。68年までにEECの関税同盟が完成し、農業従事者の割合がイギリスの数倍にもなり、それまでEEC諸国に輸出されていた農産物が世界中で余りはじめていた。イギリス国内ではEECに加わるかどうか、あるいはどういう条件で加わるか、ということがずっと問題になっていた。

　70年には保守党のヒース政権の時代になり、その7月から加盟交渉が始まった。そして2年後に国会でEECについての投票が行われた。その結果は、肯定のほうが多数であったものの、支持は小さくなってきていた。しかしド＝ゴールはすでにフランスの政界から退いており、70年5月に開かれた英仏首脳会議においてイギリス加入の一件はほぼ調っていたのであった。そして73年1月、イギリスはとうとうEECに加わることとなり、イギリスはそれまでとは異なった経済運営を求められることになるのであった。[1]

3　EECの農業政策が孕む問題

　それでは、EECの農業政策にまつわる問題から見てゆくことにしよう。EECの農業政策には設立当初から多大な費用が掛かっていた（それは改善はあっても現在にまで続いている問題でもある）。その農業制度とは次のようなものである。

（1）　EECの農業制度

　EECには1962年から実施されているCAPというものがあり、農業の生産性を上げ、農家の生活を適切なものとし、市場を安定させ、十分な供給量を確保し、消費者に対して適正な価格を示す、という五つのことがその眼目とされていた。特に、農家の生活を保障するために域内の農産物価格を高く保ち、域内で取れた作物は農業指導保証基金によっていくらでも買い取れるということになっていた。そしてその

ための手段として、域内では農産物の関税を廃して自由に統一価格で流通させるとともに、域外に輸出するときには補助金を与え、域外から輸入する際には関税を掛けるという方法が採られていた。

ところが、いくら作っても必ず売れるために農作物はおおむね作りすぎの状態となっていき、EECのほかの政策をさしおいて、農業政策のためだけに実に予算の大半が費やされることになったのであった。CAPには五つの目標が掲げられていたものの、実際には農産物の価格を高く保つための支出で手一杯となり、自給を通り越して非常な余りを出すということになってゆくのであった。そしてその余りは補助金を受けて安い値段で世界（域外の国々）に売られるのであった。[2]

さて、EECの当時の財源は（域外からの）農産物輸入についての課徴金、（域外からの）工業製品輸入についての関税、そして（1パーセント未満の）付加価値税が主なものであった。[3]イギリスはそれまでイギリス連邦の国々との貿易に力を入れてきていたので、EECのほかの国々と比べても農産物などの輸入が多く、もしここに加われば相対的に大きな割合の輸入課税を払わなければならないことになるのであった。一方、イギリス国内では農産物のほとんどは余るほどは作っておらず、かつ大規模経営が進んでいて生産性が比較的高かったこともあり、EECに入ったとしても少しの補助しか受けられないことは初めから分かっていたのである。というのも、EEC域内での統一価格というのは、生産費などを勘案したうえで生産者にある水準の所得が毎年与えられるように定められていたからである。このようなわけで、イギリスがEECに入ると大きな負担を背負わなければならなくなるのではないかということはかなり早い時期から危惧されていたのであった。

（2） 農業面についての両者の態度

EECの農業制度についてのミード、カルドアの指摘というのは「イギリス問題」というものと重なるところがあり、独自の見解がそ

第 1 章　カルドアの収益逓増論と EEC 政策

れほど強く出てくるところではない。（イギリスが負担することになる）費用を含んだ財政についての批判がその柱の一つであったと言って良いと思う。

　イギリスでは農家に税金から直接補助金を払うという形を採ってきておりその場合には消費者には影響はなかった。しかし EEC に入ると農産物の価格は高く保たれる上にそこからの収益は EEC のための財源として遣われることになる。食糧のような必需品の価格を高くするとなれば分配上の問題も当然惹き起こされることになるし、食糧の最大輸入国であるイギリスとしては負担のみ大きくなるのはほとんど間違いのないことである——以上は両者に共通した見解であった。ミードは言う。

> 「イギリスは海外の食糧を大量に輸入しているが、それに対する徴税が、もっぱらではないにしても大陸の農業生産および輸出を支えるために主として遣われるというのは筋の通った話ではない。」
> (Meade 1962, p. 36)

　ミードは、EEC 加入によってイギリス連邦の国々の特恵制度がなくなり、代わりにそれらの国々に差別待遇が為されることになる点に注目した。CAP によって EEC 内の農産物は過剰となり、連邦の国々は（差別待遇を被る上に）自国の作物は EEC の需給の調整弁としてのみ扱われることになる——こうした状況を生んではならないとミードは考えたのであった。彼は連邦の国々の立場をよく考えていた。EEC の農業保護のせいで連邦が受ける被害を抑えるためにはイギリスが EEC に加わるときに北大西洋の工業国の輸入関税を一斉に引き下げるよう働き掛けるべきであり、それができないのであれば加入してはならない、と言っているところからもその姿勢は窺われる。彼はイギリスあるいはヨーロッパのことだけを考えていたのではなかった。

「貿易パターンの分別ある発展とは、高度に発展し産業化した西ヨーロッパの国々が多くの技術的知識や熟練や特化した設備を必要とする資本財・消費財をたくさん輸出し、かつ、産業化しつつある海外の諸国から製造が容易である消費財をたくさん輸入するというものである。」(Meade 1962, pp. 42-43)

たしかにミードは、イギリスはEECに入るのであれば自らの立場を良くするためにCAPに輸入徴税だけでなく補助金も併せて用いるよう交渉すべきだと唱えたのであった。しかし彼がCAPの方針に反対したのは、単にイギリスに入ってくる農産物の問題だけを考えてのことではなかったのである。

一方、カルドアも、自給自足政策の延長線上にはヨーロッパを農産物余剰地域にしようというEECの意図があると考えて非難し、ミードと似た内容のことを言っている。

「この自給自足という政策の大いなる損失とは、あまり発展していない第一次産品国から市場を奪ってしまうところにある。この政策によって第一次産品国の購買力は制限され、ヨーロッパの工業製品への需要も制限され、ヨーロッパの工業の発展には逆の影響が及ぼされてしまうのである。その上、直接の助成金でなく輸入徴税という時代遅れの形で保護が為された場合には、工業の価格と比べて食べ物の価格が上がるというさらなる不利益が消費者に及ぶのである。」(Kaldor 1970a, p. 468)[4]

また、CAPの費用負担制度の改革をイギリスが中心になって行うべきだという考えはカルドアにもあったようであるが[5]、ここでは彼が農業保護に反対した理由をもう少し見てみよう。たしかに連邦が受ける被害にも触れているのではあるが、カルドアはイギリスの利害というものをミードよりも重く見ていた節がある。

カルドアがEECの農業保護に与しなかったのは、保護があると非効率な部分が改善されることがなくなって不必要な労働が耕地に置かれたままになり、農業の現代化が妨げられて硬直してしまうと考えたからである。彼はEECの農業保護政策はかつて19世紀の中葉に廃止された穀物条例と同じ思想であるとし、農業は自由貿易でなければならないと言い張るのであった[6]。

　注意しなければならないのは、カルドアがここで言う貿易とはヨーロッパ諸国との農産物の取り引きのことではなく、イギリスが旧植民地との間で行う取り引きを指しているということである。自給政策批判にしても、連邦そのものではなく（連邦との農産物取り引きによる）イギリスの利益を大事にしたいという考えが背後にあるのである（工業製品の貿易問題についてのカルドアの考えを後に見るが、同じ「貿易」という言葉でもその相手が別であるという点に注意する必要があろう）。

　また彼は農業と製造業との違いについても強調していた。農業では投資、技術改良、土地保有の制度の変化、といったものが重要な意味を持つのであって、「農業においては大きな規模の経済はまったく存在せず、農産物それ自体の共通の市場に起因する大きな潜在力もまったく存在しない」(Kaldor 1970a, p.468)。したがって、EECのような広い地域の中で一まとめにして農業を営んでも何か良いことがあるわけではない。製造業と農業とでは作用する法則が異なるということに目を付けたのはカルドアの特徴である。

　以上見てきたように農業分野での両者の見解はそれほど異なるものではなかったが、それでも重点の置き方にはいくらかずれがあったように思われる。両者はEEC加入についていろいろな角度から考察しているのであるが、以下ではそれぞれがもっとも重視した問題を一つずつ取り上げ、そこに潜んでいるそれぞれの考えを探ることにしたい。それぞれが重く見たものは必ずしも同じ土俵の上で比べることはできない。しかし、現実問題の複雑さを考えればこれはある意味で当たり前のことなのかもしれない。

4　リベラルな国際経済関係の構築
　　——ミードが重く見たもの

　世界貿易機構（WTO）の前身である関税と貿易に関する一般協定（GATT）は、そもそもはミードが考え出した国際貿易機構（ITO）の仮の姿に過ぎないもののはずであった。そのITOを構想したミードの考えはEEC加入への態度にも当然反映されている。よって、ここでは彼の理想とした国際経済関係とEEC加入とのかかわりに焦点を当ててゆくことにする。

　ミードはEEC加入問題について、適当な条件が満たされないのであればイギリスは入るべきではないという考えでいた。

「……国際収支を調整するための効果的で好ましい仕組みがEECの条項によって考慮されると思われない限り、我々はEECに加わるべきではない。」(Meade 1962, pp. 53-54)

　これは逆に言えば、EECに入ろうと思うのであればイギリスは交渉を通じてさまざまな制度改革を申し入れなければならない、という姿勢でいたということである。というのも、そもそも彼は北大西洋のリベラルな商業地域を築いてゆくことを志向していたのであり、EECはそのための手段になるかもしれない選択肢の一つに過ぎなかったからである[7]。つまり彼にとっては、イギリスがEECに入るか否かにかかわらず、リベラルな商業地域を作るための改革は避けようのないものであった。

　具体的にリベラルな商業地域を作ったりそれによって発展途上国援助などを行ったりしてゆくためには、自由貿易や変動為替を実現し、各国が国際収支の均衡を成し遂げることがその土台として必要になるとミードは考えていた。国際収支が赤字の国であっても自国の物価安定・雇用維持・成長を追い求められるようなシステムを作ろうというのが彼のもくろみなのであった。なお、彼は国際協力ということを重

視していたので、国際収支が赤字の国が均衡へ向かう場合でも、(当該国がインフレを抑えるだけでなく)黒字国もデフレを抑えて通貨を切り上げるべきであると言った。さらに、超国家的な政府が流動性のある通貨準備を備えておいて各国は国際収支の調整の際に一時的な支えとしてそれを用いることをも提案している。国際経済がこういった方向へ流れてゆくようEECが促せるかどうかということが彼にとって重要な問題なのであった。

ただ、このような考えでいたミードにとって、国際収支についてのEECの明文化された規則それ自体は必ずしも合点の行かないものではなかった。しかしそこには(文にはなっていないものの)固定為替相場やヨーロッパ単一通貨といった匂いがただよっていたのである。

「EECを築いた人たちは固定為替相場をはっきりえこひいきしている。それは一部分は伝統的な財政的根拠に基づいており、また一部分はそれが単一のヨーロッパ通貨——ことによるとそれは真のヨーロッパ連合の一番の象徴であろう——への必然的な第一歩であるという理由によっている。」(Meade 1962, p.56)

もしこのような事態が訪れれば、イギリスは(EECに入っていた場合)自国の成長率も雇用も諦めなければならないことにもなりかねない。したがって、よしEECに入るとしても、ローマ条約そのものに書き込まれていない仕事は絶対に引き受けないことを加入の条件にすべきであるとミードは考えたのであった。

さて、彼が当時の国際通貨基金(IMF)の固定為替相場という方針に反対したのは各国がそれぞれの国際収支を均衡させて国内問題に取り組むことを促すためであったが、同時に自由貿易を標榜したのは、もし貿易障壁を設ければ連邦やポンド地域(カナダを除く連邦諸国及び、ビルマ、イラク、アイスランドなど)とイギリスとの間に差別待遇が生まれることになるからであった。ミードはこの連邦とポンド地域とを重

く見ており、EEC加入問題で「イギリスは連邦とポンド地域との扱いを必ず試される」(Meade 1962, p.64) と考えた。

彼にしてみれば、連邦はイギリスの「最も親しい友人であり同盟者」(Meade 1962, p.12) だったのである。その貧しい友人の商品を輸入制限で締め出して富んだ国々を守るというEECの政策は彼の目には魅力的な政策とは映らなかったようである。ミードは言う。

「ドイツやイタリアの農業・工業生産物が自由にイギリスに入ることを許されて我々自身や連邦の産物とこの地で競う、という動きであればどんなものでも私は強く賛成する。しかし、費用の嵩むヨーロッパの産物を保護するためにオーストラリアの食糧やインドの織物をイギリス市場に入れないでおくというのには非常に不愉快なものを感じるのである。」(Meade 1962, p.13)

以上、ミードの考えを見てきたが、彼の目標はリベラルな国際経済関係というところにあり、必ずしもイギリスにとってのEEC加入の意味だけを論点にしていたのではないことが窺えたように思う。関税や特恵制度を廃した無差別原則にのっとることで自由貿易を保障し、また変動相場制や国際通貨準備制度を備えることで国際収支の問題を解決しやすくすることなどを通じて[10]、各国が自国内の物価・雇用・成長といった問題に対して近隣窮乏化政策のような手段を選ばなくてもいいようにする——ミードの目指したリベラルな国際経済関係とはこのようなものであった。また彼は、連邦諸国などが被る害についてもイギリスの利害との係わりを超えて考えているようであった。

さてここで、ミードと並んで自由貿易を唱えていたハロッドの見解にも簡単に触れておきたい。ハロッドは関税同盟と自由貿易地域との違いを吟味し、各国が独自の関税政策を施せるという点からFTAを掲げ、関税同盟を非難していた。それゆえ彼はEEC加入には反対であったわけだが、その根拠はなかんずく次の二点に示されていた。

まず第一に彼は、J. ヴァイナーによる関税同盟研究に言及した。ヴァイナーは関税同盟には二つの側面——貿易創出効果と貿易転換効果と——があるとしたが、イギリスの加入に関していえば後者のほうがはるかに大きくなってしまうとハロッドは考えた。次いで彼は、発展途上国から成熟国へと輸入の得意先が代わってしまうことで途上国側の輸出先が狭められ、途上国と成熟国との間の生活水準の隔たりがなお大きくなってしまうと考えた。

「このように、（低費用から高費用の産物へと切り替える）ヴァイナーの貿易転換基準からしても、得意先をいたく求めている開発途上国からそれをあまり必要としていない成熟国へと切り替える『福祉』基準からしても、イギリスがローマ条約に署名することは善くないであろう。」(Harrod 1963, p. 231)

なおハロッドは、ヨーロッパの国々は運命的に結び付いているので諸国間相互の信頼・理解をもととした政策協力が欠かせないと考えていた。そこだけを見るならば、すぐ前で述べたミードの主張とそれほど変わらないようにも思われる。ただハロッドの特徴的なところは、経済問題に対して取りうる政策や措置というものは国によって違ったものとなってくるということをかなり強調した点であろう[11]。彼は、企業が行っている仕事を政府がすることは望まない代わりにほかに引き受け手のいない仕事は政府がすべきだとしたJ. M. ケインズの主張を援用して次のように言ったが、そこには、それぞれの国が独立してやっていくことへのこだわりがうかがわれよう。

「ヨーロッパは、諸議会がしっかりと果たしている仕事を奪うのではなく、独立した諸議会ではどうにも成しえないことを行うべきである。」(Harrod 1957a, p. 229)

それでは次に、カルドアは何に重点を置いてこのEEC問題を考えていたのかを見てゆくことにしたい。

5　製造業における収益逓増と経済成長
　　　——カルドアが重く見たもの

　カルドアがEEC加入反対を唱えたとき、その背後にあったのは製造業における収益逓増法則を踏まえた成長理論であった。この節の議論にはその成長理論がかかわっているので、初めにその成長理論について述べ、次いでEEC反対論について述べてゆこうと思う。

　一般に「カルドアの成長理論」と言った場合に連想されるのはケインズ派の巨視的成長モデルであろう。カルドアによる成長モデルの原型は1950年代の中ごろ、自らの「ケインズ派分配理論」と並んでこしらえられた。そこで彼がもくろんだのは、それまで正統派経済学に入っていた二つの分析装置——生産関数と限界概念と——に頼ることなく長期均衡の解を持ちうる成長モデルを築く、ということであった[12]。ところが60年代の半ばになると彼はそれまでのモデルを磨き上げることをやめ、「経験的に見られる諸現象からどのような規則性が発見できるか、さらに、その関連はどういった個別的に検証可能な仮説によって説明することができるか、について知ろうと努め」(Kaldor 1978a, pp. xⅶ-xⅷ)るようになったのであった。今回、重要になるのはこちらのほうの成長理論である[13]。

（1）　均衡理論と成長理論

　1960年代半ばごろからのカルドア成長論は、一言で表せば「経済は時間を通じてどのように成長してゆくのか」ということにかかわるものであったように思う。どこかにそのことが文として触れられているわけではないのだが、カルドアがこの時期に書いたものを見ていると、彼がいろいろと唱えている経済像というものはその多くが時間を通じた経済の変化と係わっていることが分かる[14]。

ところでこの「時間」というものは、よく言われるように、ポスト・ケインズ派の経済学とそれ以外のものとを区別する決定的な要因である[15]。時間の本質的な意味を正しく捉えて動的な経済像を描こうとしたカルドアは、まさにポスト・ケインズ派の領袖としての風格を備えていると言えよう。

それでは、もう少し細かくその特徴を見てゆくことにしよう。

まず、この時期にカルドアが唱えたことの中で何よりも大切だと思われるもの、それが収益逓増という考えである。なぜこれが一番重要なのか。それは、この考えが新古典派経済学とカルドアとを区別する決定的なものに思えるからである。規模に関して収益一定という仮定を外すことによって均衡というものはあり得なくなり、やっと理論が歴史的現実を考える上で意味を持ちうるものになるのだ、というカルドアの考えは、この時期の自らのさまざまな議論を一番下で支えているものである[16]。そしてその考えを端的に示しているのが「均衡理論と成長理論」という論文であろう。その中に次のような件りがある。

「もし線形性という仮定を捨てて収益逓増を認めれば、そのこと〔生産が均衡以外のところから始まっても資本が増えたほどには生産が増えず、生産フロンティアはやがて拡大しなくなって生産は均衡状態になるという考え〕はもはや当てはまらない。その場合には誰でも同じように、〔生産〕フロンティアは永遠にたどり着けない目的地であると思うか、あるいは現実の歴史的な状態と均衡状態との間に区別をすることには明確な意味はなくなると思うかするであろう。」(Kaldor 1979, p. 281)

新古典派の一次同次な生産関数、それは一般均衡を得るためにはどうしても外せない条件であった。それはしかし現実を何ら反映したものではない。カルドアはそれを多くの製造業の本当の姿である収益逓増で置き換えたのである。それは時間と共に製造業に作用してゆく法

則であり、動的な経済の姿を説明するのに適ったものであった。規模の経済性によって工業においては分業および専門化が進んで、市場が発展するということになるのである。[17]

　この収益逓増に並んでカルドアがもう一つ重く見たものがあった。それが循環的・累積的因果関係という考えである。こちらも新古典派とは違って時間というものの本質的な意味と大いに関連した概念であり、はじめの経済状態に差があるとそれは時間を通じてどんどん拡大してゆく、というものである。注意しなければならないのは、この循環的・累積的因果関係というのは論理的命題についての因果関係という意味ではなく、過程についての因果関係であるということである。分業と市場の発展との間の関係もこの循環的・累積的因果関係が働く例である、とカルドアは指摘している。[18]

　「（製造業の）加工活動における収益逓増のために、成功はさらなる成功を引き起こし、失敗はより多くの失敗を生じさせるのである。もう一人のスウェーデン人の経済学者、グンナー・ミュルダールは、このことを『循環的・累積的因果関係の原理』と呼んでいる。」(Kaldor 1981, p.596)
　「どうして高度に産業化が進んだ地域があったりそうでない地域があったりするのかを説明するためには、ミュルダールが『循環的・累積的因果関係』の原理と呼んだ、まったく別の考えを取り入れなければならない。これはもっとも広い意味で使うならば、加工過程において規模に関する収益逓増が存在しているということに外ならない。これらは普通に考えられているような大規模生産の利益とはまったく違い、熟練および実際的知識の発展や、考えおよび経験がたやすく伝達できるような機会や、常に強まりながら過程が分化したり人間活動を専門化したりする機会、といったように、産業それ自身が成長することで生まれてくる累積的長所なのである。アリン・ヤングが有名な論文で指摘したように、アダ

ム・スミスの『分業』の原理というのは、個々の工場あるいは個個の企業の規模が拡張すること以上に、産業が絶え間なく細分することや、新手の専門化された企業が現れることや、分化が絶えず強まりながら現れることなどを通して作用するのである。」
(Kaldor 1970b, p.340)

かくして収益逓増と循環的・累積的因果関係とはお互いに作用しながら製造業の市場を発展させてゆき、動的な経済世界がそこに現れることになるのである[19]。

上で挙げた二つに次いでカルドアが大切だと考えていたもの、それは需要であろう。彼がケインジアンであったことからもこのことは推し量れるわけであるが、けっしてケインズの有効需要の考えをそのまま何も考えずに適用したわけではなかった。カルドアがケインズから受け継ごうとしたのはケインズの残した文字ではなく、その精神であった点に注意する必要があろう[20]。ケインズの『雇用・利子および貨幣の一般理論』(1936年)——以下では『一般理論』と記す——は閉鎖体系であったが、カルドアは需要と成長との問題を考えるに際して国内の消費需要を刺激するやり方は取り入れなかった。彼が目指したものは輸出主導型の成長だったのである（それは「外国貿易乗数」という考えに基づくものであった[21]）。先の話と合わせて考えると、収益逓増が働いて市場が成長してゆくためには需要がなければならないわけであるが、その需要は輸出といった外的なものによって制約されていることになる。その外的な需要をうまく捉えることができれば、産出の成長（言い換えれば資本蓄積）が進むのである。こうしてカルドアの説に従うと、成長問題は貿易問題と深く係わりを持つことが分かってくる。

さて、ここで少し考えてみよう。先に出てきた収益逓増にしても、ここで出てきた輸出主導型成長にしても、製造業についての理論である。カルドアは製造業こそが経済成長のエンジンだと考えていたのである。そしてその製造業についての法則として、フェルドーンの法則

というものを彼は考えたのである。それは、製造業の生産性は産出の成長率と強い相関関係にあるというもので、収益逓増や循環的・累積的因果関係をこれと併せて考えると、次のようなことが言えることになる。はじめに外的な需要をうまくつかまえて産出を成長させる（資本を蓄積させる）ことができれば、あとはフェルドーンの法則が作用することで生産性は資本蓄積が進んでいる所ほど大きくなってゆくことになる。するとその技術革新によって生産性が大きくなったところほど利潤が大きくなり、その利潤は投資に回されてさらに資本蓄積が進む、という因果関係ができあがるわけである。この一連の過程をカルドアは非常に重要なものと捉えていた。

　この過程を前提にすると何が言えるか。まず、自由な貿易によってどの貿易国も貿易前よりも大きな便益を受けることができる、という命題が誤りであることになる。その理由は、自由貿易の命題というのは一次同次の生産関数が地球上のすべての生産活動に対して当てはまるということを前提しているが、この出発点がすでに事実と異なっているからである。そこでカルドアは、ある特定の製造産業について成長政策を打つことが必要であると言う。早い段階で政策を打てば、あとは因果関係が作用してその産業は世界でも大きな位置を占めてゆけるので、たとえば平価切り下げなどといったことを行い、自国の企業を当該産業中での世界的な先行企業にすればいいというわけである。[22]

　以上を要約すると、製造業についてのカルドアの成長理論とは、収益逓増や循環的・累積的因果関係などから成る動的な過程に係わるものと外生的な需要によって成長が制約されるとする考えとの二本の柱が組み合わされたものであったということになろう。これらは別につながっているわけではない（その関係は、ケインズの『一般理論』における乗数理論および流動性選好説という二本の柱と同じようなものと言えるかもしれない）。

　なお、カルドアが外生的な需要と言った場合、それは輸出だけを指していたのではなかったという点には注意しなければならない。それ

は一国内での他の部門の需要であることもあれば、彼の農業・製造業2部門モデルに見られるように世界を一つの閉鎖体系と考えた場合の農業部門の需要であることもあるのである[23]。ただ、今回扱う範囲の中においては、外生的な需要は輸出需要と同じであると考えて差し支えないものと思われる。

（２） EEC域内貿易自由化に対する反発
―― 自由貿易に対する天誅

　カルドアは主に上に述べたような理論を拠り所としてEEC加入に（製造業面から）反対を表明していった。その内容と特徴とを以下で見てゆきたいと思う。

　EECに入るということは、域内での工業製品についての関税や数量制限を全廃することはもちろん、労働力や資本の移動も自由にするということを意味していた。また、1961年の「カルテル等の禁止規則」によって競争制限的な行為も取り締まられることになっていたのであった。

　当時イギリスでは、そのような関税同盟に加わることで衰退の中にあるイギリス経済にも活路が開かれるという考えが跋扈しており、例えば『イギリスとヨーロッパ共同体』(1970年) という白書においてもその「動的な効果」が謳われていたという。その内容とは、EECに入ることでイギリス工業にはより大きくより速い成長市場が供給されることになり、イギリス国内の輸出成長率が輸入成長率を凌ぐことになり、規模の経済や特化や競争促進などによってイギリス製造業の生産性は加速され、それによって国民所得も加速的に成長する、というようなものであった。EEC加入時に支払う費用も、この動的な効果によってすぐに相殺されるということになっていたのである。

　このように見るとイギリスがEECに加わることはいいことずくめのようにも思えるのであるが、なぜカルドアはこれに反対するという行動に出たのであろうか。

カルドアはEEC加入の「動的な効果」というものについて強い疑問を抱いており、国によって成長率が異なる理由や競争促進によってもたらされる効果についてしっかりと調べる必要があると考えていた。また彼は、輸出成長率が輸入成長率よりも高くなるという論理も疑っていた。特に競争促進によってもたらされる効果については、どの国も便益を受けることになるとは限らないと考えていたのであった。

　「言い換えれば、これらの『動的な効果』を『数量化する』ということだけが問題なのではなく、さらに、まず第一にそれらの効果が貸し方に入るか借り方に入るかを知ることも問題なのである。」
（Kaldor 1971c, p.330）

　カルドアは（前項で敷延した）自らの成長理論に従い、イギリスの生産性成長率が低かった理由を次のように解釈した。

　「このようにして、イギリスの製造業の産出の成長率が低かったことが、他の『発展した』国々に比べて相対的に生産性成長率が低いことの主な原因となっているのである。前者が低かったのは輸出の成長率が低かったからであり、そのことは順々に、相対的に生産性の成長が低いことによって競争相手に対する立場をどんどん失いつつあったことが原因となっているのである。」（Kaldor 1971c, pp.330-332）

　また彼は、EECに入ると農産物の価格が今よりも年四億ポンドも値上がりすることになることを指摘し、この値上がりから賃上げ要求が起こるだろうと予想した。もし平価切り下げによって輸出成長率を上げて所得を増やすことでこれらを補うとすると、EEC内の農産物価格は一律であるためにイギリスにとっては一層高くなってしまう。このようなことを避けたければEEC加入前にイギリス国民の実質賃

金を一割ほども下げておかなければならないとカルドアは考えたが、当然そのようなことは実現できるはずもなかった[24]。

EECに入る際の初めの一歩によって、後に続く「動的な効果」の内容は決まってしまう。イギリスにとってそれは悪いほうに進みそうだというのがカルドアの見解であった。

「……圧倒的に起こり得るのは、初めに入る時の重い費用が原因となって誤った方の足で動き始めて、『衝撃効果』は有利な効果によって相殺されるのではなく逆の『動的な効果』によってさらに悪化してしまうということなのである。」(Kaldor 1971c, p. 335)

ここまでは「動的な効果」に対するカルドアの考えを見てきたが、次は、関税同盟についての考えを見てみよう。

そもそもカルドアはEEC域内での工業品の自由貿易に反対であった。かつてD.リカードは比較生産費説を基にして自由貿易こそがどの国にも望ましい状態をもたらすと言ったが、製造業における収益逓増を認めればその論理は当てはまらなくなるというのがカルドアの見解であった。リカードが生きていたのはイギリスが世界一の工業国であった時代であり、イギリスは本当は他国の犠牲の上に繁栄していたに過ぎず、決して自由貿易によって相手国にも便益を与えていたわけではなかったというのである。

「これらの状況〔製造業において静的および動的な種類の収益逓増が働いている状況〕の下では、自由貿易はある地域（ないしは国）にとっては大きな便益となり、それ以外の地域にとっては成長の妨げとなるかいっそう貧しくすることになるということが論証できるのである。」(Kaldor 1978c, p. 237)

「〔経済理論を〕完全にするためには、彼〔リカード〕は次のように付け加えるべきであった。すなわち、自由貿易というのは、イギ

リスに多くの食糧や原材料を輸出していて自国の製造業活動が縮小して所得の損失を被るかもしれない海外の諸国にとっては等しく有利ではないかもしれない、ということである。」(Kaldor 1978c, p.238)

もはや、イギリスは世界に冠たる工業国でも何でもない。貿易相手が保護政策を打ってきても自由貿易にこだわっていたせいで、太刀打ちする術もないままに自由貿易で損をするほうの立場に回ってしまったのである。そのことを弁えようとしないから、「一世紀にわたる失敗を経てもなお、自由貿易と自由な市場への信仰に対する天罰に悩むことになるのである」(Kaldor 1978c, p.240)——これがカルドアの言い分であった。

カルドアはおおよそこのような調子で、自由貿易に対して、ひいてはEEC加盟に対して異を唱えたのであった。経済の部門によって収益法則が異なるという考えを反映した彼の自由貿易反対論は自由貿易に対する人々の夢を破ると同時に、イギリス経済の決して楽観はできない先行きを暗示したのであった。

さて、農業面でのEEC加盟反対の理由を思い出してみよう。そこでカルドアが言っていたことの中に、保護貿易反対というものがあったはずである。しかし、製造業面の反対論で言っていることは自由貿易反対である。これはうっかりすると混乱しそうであるが、それぞれで使われている「貿易」の意味が違っていることに注意しなければならない。すなわち、ここで言われている貿易というのはEEC内部での工業製品の取り引きのことを指しているのであって、域外との取り引きについては特に何も言っていないのである。

もう一度要約すると、イギリス経済を担うカルドアは、農業においては（連邦諸国との取引を続けてイギリスの利益を守るために）保護貿易を批判し、製造業においては（イギリスの製造業を守るために）自由貿易を批判したのであった。製造業に作用する収益逓増法則を重く受け止め

たカルドアには、自由貿易などというものはもはや無責任な空想にしか見えなかったのではないだろうか。[25]

6　結び

　以上ここまで、ミード、ハロッドおよびカルドアがEEC加入についてそれぞれどのような考えを持ってどのような点を重視しながら判断を示してきたのかについて探ってきた。ここで今一度ミードとカルドアとの考えについて振り返ってみよう。

　ITOを作ろうと努めたミードが求めていたのはリベラルで無差別な自由貿易地域であり、彼にとってはEECというのはそれを実現するための方法の一つに過ぎないものであった。イギリスがあえてそこに入る価値はその交渉力を発揮してEECを自由化させるところにこそあるのであって、EECが各国の国際収支の均衡化に役立たず単に自分たちのことを考えるだけの組織であり続けるのであればそこには何の魅力もない、という考えだったのである。EECに入ることで仮にイギリス経済が救われても同時に連邦などに対する差別待遇が生まれるのだとすればそれは戦後世界経済のルールにもとる愚行に外ならないという彼の考えは、自国経済のみならずこれからの国際経済制度や連邦諸国までを視野に入れたものであったと言えよう。

　さらにミードは、イギリスには（人身保護法、議会制民主主義、一人一票、言論の自由などの）リベラルな力がある上に（全人種、全大陸、全信教、全発展段階、そしてほとんどの経済体制にわたって通用する）ポンドという通貨があるのだからEECのリベラル化のためにイギリスは積極的に貢献すべきである、ということを強調したのであった。その考えは次の言葉に現れている。

　「もしEECがリベラルで外を向いた制度になる見込みが本当にあるならばイギリスはそこに加わることができるし、またそうすべ

きである。だがもし厳しくて偏狭なヨーロッパ圏となるよう計られているのだとすれば、加わるべきではない。」(Meade 1962, p. 64)

　おそらくミードは、ありうべき国際経済関係のための礎作りに経済学者としての使命を感じていたのであろう。
　一方、カルドアがEEC問題で特に注目したのは製造業に働く収益逓増法則であった。彼はここから独自の成長理論を立て、それによって、イギリスが他国よりも産出の成長率が低いような状態でEECに入ることに警鐘を鳴らしたのであった。つまり、もしイギリスがEECに入って自由貿易の荒波にさらされることになると、経済成長率が低いことによって生産性上昇率が相対的に低くなり、その結果競争で他国に勝てなくなって輸出成長率が低くなり、輸出主導型成長に失敗して経済成長率はさらに低くなる、という因果関係をたどることになると考えたのであった。この論理に基づけば、イギリスの未来を真剣に考える者は自由貿易などということを口にできるはずがない、という結論に至ることになるのである。彼は農業についての議論などで連邦の国々についても触れてはいたが、それは連邦のためというよりはむしろイギリスの利益のためであったように思われる。カルドアは、イギリスのことを思う経済学者としてイギリス経済がなおも悪くなってゆくのをみすみすほうっておくわけにはいかないと考え、使命感に燃えてEEC加盟反対を訴えたのであった。
　こうして見てくると、ミードもカルドアも共に経済学者として自分の考えに従うことで現行EECへの加入を拒んだという点では同じであったものの、その内容はかなり違っていたこともまたはっきりしたように思う。ミードが自由貿易を善としたのに対し、カルドアはそれを悪としたのであった。カルドアは自らの理論に基づいてイギリスのために輸出主導型成長を唱えたわけであるが、ミードの目には、外国に失業を輸出するような「近隣窮乏化政策」は国内経済政策に失敗した者のとる愚挙であると映っていたのであった。つまり、ミードは国

際経済関係の理想的な姿を志向し、それに対してカルドアは当時のイギリスが直面していた問題を分析しそれへの打開策を練っていたのである。それゆえ両者の考えは必ずしもかみ合わなかったのであろう。[26]

注
1) ただ、イギリス国内ではなおも揉め事が絶えなかった。74年に労働党のウイルソン政権が生まれるとEECに加わることの是非をめぐる議論が盛んになり、ついに翌年、イギリス史上初の国民投票によってその決着が付けられることになった。ただ、保守党、自由党、経済界、マスコミは挙って賛成派であったため、その結果は2対1で賛成多数というものとなった。
2) CAPが出来たことによってEECの農業は大きく二つの点で変わったと言われる。まず第一に、農産物の生産量が年々増えてゆくことで、農産物の大輸入地域であった国々が世界有数の輸出地域に変貌したということである。もう一点は、同じ農家の中において貧富の差が広がっていったということである。後者について、田中素香は次のように書いている。
「これ〔富農層と貧農層との所得格差の増大〕によってCAPが狙っていた産業政策面と社会政策面との両立がきわめて難しいものとなった。CAPの目的はEEC条約第39条に、『生産力の向上、農民の生活水準の保証、市場の安定、供給の保証、消費者への妥当な価格』と列記されている。『生活水準の保証』というのは社会政策的課題であるが、他の目標は産業政策としてCAPを捉えている。ECの農業は農民家族経営が主であったから、当初はこれらの目標は矛盾しないと考えられていたのであろう。CAPの統一価格は大多数の平均的農民の『生活水準の保証』をメドに高めに設定される。それが供給と生産力を増大し、市場の安定、妥当な価格を実現するというように。しかし農民層によって高めの統一価格の効果が違った。大規模生産を行い単位コストの低い富農層はそこから巨大な利益を引き出すが、規模の小さい農家は機械化貧乏の状態を呈する。後者の価格引き上げ要求はきわめて強く、ブリュッセルなどでのロビー活動を支えるが、価格の引き上げから最大の利益を引き出すのは富農層であるという皮肉な関係がそこに形成された。平均的農民は徐々に一握りの大経営と大多数の中小農に分離され、大経営が生産に占めるシェアはほぼ恒常的に上昇した。」(田中・渡瀬 1993、126-127ページ)
3) 但し、付加価値税は1971年より取り入れられたものである。
4) なお、この引用中でカルドアは輸入徴税を「時代遅れ」と呼んでいるが、ミ

ードはこれを「保護方法の後退」と呼んだ。Meade（1962）を参照。
5）Kaldor（1971d）を参照。なお、公平な負担の一例として、GNPの大きさに依存させるという手があるとカルドアは言っている。Kaldor（1970a）を参照。
6）Kaldor（1970a）を参照。
7）ほかの選択肢として彼は、イギリス一方だけの自由貿易化や関税を減らすための多国間商業交渉を考えていた。Meade（1962），pp. 11-17を参照。
8）Meade（1957）を参照。ここで注意しなければならないのは、ミードのこの考えは赤字国自己責任論に優先するものではありえないということである。国際収支の赤字は当該国による調整なくして改善することはできない。
9）Meade（1952）、Kaldor（1978c）を参照。ちなみにミードは、EEC内に超国家的政府が出来たとしてもそこにそれ自身の通貨、それ自身の中央銀行、そしてそれ自身の租税・公共支出体系が備わっていないかぎり、各国内のことはそれぞれの政府の責任であるとMeade（1961）で述べている。
10）但し彼は完全自由化ではなく、ワイダー・バンド及びクローリング・ペッグといった方策を用いるべきであるとMeade（1966）で言っている。
11）例えば、Harrod（1968）、Harrod（1957b）、Harrod（1958）などを参照。特にHarrod（1958）では、具体的な例を引用しつつ自らの主張が展開されている。
12）このあたりのことについては、カルドア本人がKaldor（1986b）に書いている。
13）もっとも、この成長理論にしても、長い年月にわたって全く変更を受けなかったわけではない。特に、イギリスの経済成長率が相対的に低いのは経済が成熟したからであるとしたKaldor（1966a）の論理はその後消え失せている。
14）少なくともカルドアが歴史的時間ということを重く見ていたということは、次の下りから窺い知れよう。

「ジョン・ヒックスが最新の本で主張しているように、経済学とは科学の端にあるものであり、また歴史の端にあるものでもある——両方の境界線の上にあるのである。歴史家と違って、経済学者というものは主に現在に関心を持っているのであり、現在のために過去にも関心を持っているのである——歴史家についてはそうではない。より一般的に、出来事の間の因果関係に係わる仮説を具体化することに助けられて我々は歴史的な発展を決める諸力を理解すべきなのである、と私は言明する。理想的には誰でも帰納と演繹とをしっかりと混ぜて理解したいものである。しかしこのことは大抵実行できない。その主な理由とは、私が思うに、演繹的な推論から出てくる結論は必ず

仮定から成る完全な構造を前提としており、それらの中には経験的に調査して正しいことが証明されるかもしれないものもあれば、重要でないことが分かるかもしれないものもある、ということである。」(Kaldor 1986a, p. 189)
15) たとえば、広瀬（1992）を参照。
16) 高木邦彦などもカルドアの収益逓増を大変重要な概念であると見ているようである。高木（1990）を参照。
17) さらにここで、一般均衡を考える人々が無視している問題——生産要素は代替的であるよりはむしろ補完的な関係にある——を直視すれば、生産は均衡へ向かうというよりはお互いの要素が共に増えながら成長してゆくことになるが、カルドアはこの点からも新古典派を批判している。また彼は、市場の本当の働きは配分機能ではなくて創造機能なのである、ということも言っている。加えてKaldor（1975）では、収益逓増に基づけば最適資源配分などは存在しないということに加えて、資本蓄積とは生産が拡大するときの副産物であって原因ではないということや、収益逓増のために産業発展は分極化されて地域間の貧富の差が広がっていることなども強調されている。
18) Kaldor（1972b）を参照。
19) この収益逓増と循環的・累積的因果関係とを中心とした論説を展開するときに具体的な現実の事例をよく挙げていることからしても、時間を通じた現実を説明する際にこういった考えが実際に有用であるとカルドアが信じていたことが窺えよう。例えば、Kaldor（1977）を参照。
20) カルドアやJ. V. ロビンソンが偉大なる経済学者たり得た理由の一つは、このあたりにあるように思われる。もっともそのため、彼らの経済学は決してケインズの経済学とは同じではなかった。例えば、根井（1994）、112ページでは、ケインズはカルドアよりも統制色の薄い「投資の社会化」を支持したであろうということが指摘されている。
21) カルドアは1975年に次のように言っている。
「新古典派の理論によれば失業者の動向は投資および貯蓄と密接な関係があり、後者はケインズがいう有効需要に変化をもたらし、これが失業者数に変動を与えるというものである。これはアメリカではそうかもしれないが、少なくとも英国では投資の動向が英国の失業者数の変動をもたらす第一の要因ではない。歴史的にみて英国において失業者数に変動をもたらしている主要な要素は対外貿易乗数なのである。」(宇沢 1987、81-82ページ)
「戦後開発されたケインズの所得・支出モデルは失業の原因となっている需要の停滞が貯蓄の過剰に由来している場合のみ有効である。……しかし不完全雇用の原因が先に述べたようないわば自発的乗数効果とも呼ぶべきものに

由来しており、投資・貯蓄の乗数効果に由来していない場合において、赤字により政府支出をふやすことをおこなえば、政府支出の追加的増加は、さもなくんば輸出に向うべきものを国内で消費させる効果をもつことになる。したがって結局は財政支出の赤字は、それと同額だけの国際収支赤字につながるということになってしまう。」(宇沢 1987、82ページ)

　ところで彼は、消費主導型成長は輸出主導型と比べるといくつかの難点があると言っている。一つ目は、需要が刺激されると短期的には貿易赤字となるため、消費需要の成長を慎重に管理しなければならなくなるということである。二つ目は、需要に占める投資の割合が小さくなるので生産性成長率が低くなってしまうということである。三つ目は、製造業の所得を産み出しているのは個人消費のうちの三十パーセントにすぎないということである。四つ目は、消費主導型では、輸入の成長は常に輸出の成長を上回る傾向を持ってしまうということである。Kaldor (1971a) を参照。

22) 1966年にカルドアはこの点について次のように言っている。
　「そのこと〔産業での規模の経済が急成長の主なエンジンであるということ〕によってもたらされる利点の中には、我が国の資源をごくわずかの分野に集中してそれ以外の分野を見捨てることによって、言い替えればイギリスの産業と他国の産業とが相互依存をしている程度を増すことによって、確保し続けることができるものが少なくともあるということになる。」(Kaldor 1966a, p. 32)

　ここにあるように、彼の成長理論から導かれる帰結は必ずしも成長率の低いイギリスにとって暗いものであるとはかぎらないということに注意すべきであろう。

23) カルドアは言っている。
　「一般に、(国際貿易といった問題に取り組んでいる場合は除いて)理論的モデルにおいて考えている『経済』というのは、(ケインズにおいてもそうであるように)輸出や輸入にまつわる問題を取り除くために『閉鎖経済』であると仮定されている。しかし、いくつかの産業の中心地を含んでいる閉鎖経済を、農作物や鉱物をこれら産業の中心地に供給している土地と並んで想像するならば、ほとんど同一の問題が起こるのである。唯一違うのは、単一の通貨を仮定する点、すなわちすべての価格が同一の価値尺度財で表される点である。」(Kaldor 1985, p.73)

　また、Kaldor (1976) やKaldor (1979) やKaldor (1975) を参照。

24) なお、悪循環を打ち破るための一つの方法としてカルドアが唱えていた持続的な平価切り下げについて、あまり効果がなかったと後になって本人が認め

ている。Kaldor（1978c）、Kaldor（1978b）などを参照。
25) カルドアが農業の保護貿易を批判した際の論理の中には19世紀中ごろの穀物条例の話が出てきた。彼はEECの農業保護政策はかつて廃止された穀物条例と同じだと言って非難したわけであるが、そこでは自由貿易を正当化しようとしてリカードに与していたわけである。ところが製造業の自由貿易を批判する場合には、比較生産費説に基づいて自由貿易を唱えたリカードをそしるという立場に立っているのである。これは一見奇妙な話である。同じリカードの考えを持ち出し、一方では称え、他方ではけなしているのである。なぜこういうことになるのかというと、それは、リカードが農業における経済法則（収益逓減）を工業にも当てはまると考えたからというよりは、彼の考えた国際分業が固定的な分業関係——イギリスにのみ都合の良いような——であったことが与っている。イギリスの都合によって固定的に農業に特化させられた国はべつに望ましい状態に至るわけではないのに、そうなるような感じを与えたところがリカードの問題だったのであり、そこをカルドアは責めたのである。
26) このことは言い換えれば、カルドアがあそこで示したものは時論という限定性を帯びているということである。こうしたことは、現実問題に取り組んで作られた経済理論であれば（程度の差は確かにあるものの）共通して抱えている性質であると思われる。たとえばケインズの『一般理論』は閉鎖経済での理論という形になっているのであり、開放経済の場合に国内の生産力を増強しようとして需要を拡大しても、Keynes（1936），p.120にあるように波及効果が外国に出ていって効果は違ったものとなってくることが考えられるのである。いろいろな違いを抱えている国々にまたがったグローバル・ケインズ主義というのは有効なのか等々、経済理論の普遍的意義を考える際には慎重にならざるをえないゆえんである。

第2章 カルドアの収益逓増論と開発政策

1 はじめに

　ケンブリッジ大学で教授になったちょうどそのころからN. カルドアは自身のケインズ派マクロ経済モデルを捨てて新しい成長理論を築きはじめたこと、そして後者はいくつかの点において前者とは異なっていたことはよく知られているところである。彼の新しい成長理論の最も特徴的な点の一つとして、現実政策との強い係わりということが挙げられる。一例を示せば、1960年代から1970年代にかけてイギリスがEECに入るのに反対したとき、カルドアの主張は収益逓増・成長論に基づいていた。部分的にはこうしたことからただちに、カルドアが経済開発を1960年代の後半から扱いはじめたと考える人がいるかもしれない。しかし彼は1954年にすでに経済開発の特徴を論じていたのであり (Kaldor 1960)、その開発政策は新しい成長理論と厳密に一致しうるはずがなかった。

　2部門モデルを含んだカルドアの成長理論については彼の生前から多くの研究がなされてきている。その代表的なものとしてはCanning (1988)、Skott (1999)、Skott and Auerbach (1995)、Thirlwall (1986)、Thirlwall (1987)、Toner (1999)、Targetti (1992) などがあるが、それらのうち最後の一つを除いては、カルドアの理論を経済統計によって検証するものであれ、農業・工業という2部門間の相互関係を研究するものであれ、実質的に成長を開発と区別していない。要するにそれらはカルドアの「開発」ではなく「成長」の理論に関する研究であったのである。Skott and Auerbach (1995) やToner (1999) は成長よりもむしろ開発を主軸として扱ってはいるが、やはり両者を一体と

して論じていることに変わりはない。その点、Targetti (1992) はこの点に留意した数少ない研究の一つであり、経済成長の2部門モデルを扱った章とは別にカルドアの開発政策のみを扱う章を設けている。ただF.タージェッティはカルドアが開発について論じたことを余すところなく網羅してはいるものの、それらの中でどこが特に重要なのかということについては触れていない。さらに、カルドアの収益逓増・成長論は必然的に帝国主義的政策をもたらすものであると結論づける説まで出てきている。だが、カルドアの開発政策を適切に理解していれば、そうした説が正しいものではあり得ないことは明らかであると思われる。

　こうした状況に応じて、この章では、カルドアの開発観をその成長理論の単なる派生物としてではなく開発経済学それ自体として注意深く調べ、かつカルドアが重視した二重の為替相場政策に特に注目することで、経済「開発」についてカルドアがいかなる理念を抱いていたのかということを探究する[1]。それによって、カルドアが二重の為替相場政策をうまく使うことによって経済の実証的な性質を示すものとしての動的な収益逓増を規範的かつ分別のあるやり方で現実の開発政策に変えようとしたこと、そして途上国のみならず世界全体の発展というビジョンを抱いていたことが新たな貢献として明らかになるであろう[2]。

　次の節ではカルドアの開発経済学の支柱としての二重の為替相場政策について、そのあらましを述べる。第3節では、二重の為替相場政策という形をとったカルドアの考え方は単にそれ自体規範的なものであったのみならず、国際貿易が生み出すべき貴重な長所を正しく認めていたことの反映でもあったということが指摘される。そして第4節では、分裂効果、国際分業、農業の役割といった三つの点に関して短い意見を述べる。

2 カルドアの開発経済学の要としての二重の為替相場政策

　本節では、カルドアの開発政策の中心に据えられていたと考えられる二重の為替相場政策について、それがどのようなものであったかを説明する[3]。その前にカルドア自身の開発論に少し幅のあったことに触れておかねばならない。

　カルドアは開発に関して、必ずしも一つのことだけを唱えたのではなかった。すなわちP.トナーが示したように、Kaldor（1966a）では4段階（消費財の輸入代替、消費財の輸出、資本財の輸入代替、資本財の輸出）の開発論が唱えられ、その第3段階においては広く統合された産業構造があるために国内の需要だけで製造業が伸びてゆけるとされていたにもかかわらず、それ以後においては二重の為替相場に基づく輸出中心の開発政策を勧めていた。またカルドアは農業・製造業の2部門モデルで一国あるいは世界全体の経済成長を論じるということを開発論と絡ませていた。こうしたことによって彼の開発論のもっとも大切なところがやや分かりにくくなってしまっている。以下ではあくまで彼の開発論の柱となる部分に焦点を当ててゆく。

　経済開発を論じる際、カルドアは工業における動的な収益逓増法則と循環的・累積的因果関係の原理とを重く見ていた。前者は大規模生産の利益だけでなく、市場の拡大と分業との間の累積的な過程にも係わるものである[4]。

> 「工業活動の規模が大きくなると、生産性は上がり費用は下がる。これは部分的には大規模生産の経済性によるものである。しかしもっと重要なことは、『学習』の結果としての、活動それ自体から生まれる熟練や実際的知識の積み重ねが原因となっているということである。」(Kaldor 1964a, p.217)

　カルドアはまた、工業の成長に対して外的な需要が果たす役割につ

いても強調した（彼が慎重にも「国」ではなく「工業の中心地」という術語を使ったことに注意せよ）。

「『輸出』という術語を特定の工業中心地の外側での販売という決まった意味で——内側での販売に対するものとして——使うならば、工業の成長率はこのように『輸出』の成長次第ということになろう。」(Kaldor 1977, p.199)

彼がこれら「資本主義の二つの基本的な特徴」(Kaldor 1977, p.201)から辿り着いた開発政策とは、ある種の輸入代替工業化であった。しかしそれは、長期にわたるインフレを被った中南米諸国が持ち込んだものとは異なっていた。カルドアは、途上国が自分たちの国の生産物を輸出するようになることが輸入代替の最終的な目的であると考えていたのである。

「一人あたりの実質所得を上げるには、中南米諸国は早い段階より賢明に選ばれた『輸入代替』——製造業品の輸入を国内生産によって置き換えること——の方式によって国内工業を推し進めるべきであった。この政策は、19世紀の終わり近くそして今世紀において、西欧、北米、日本、その他の『先進』諸国によってとてもうまく追求された。……こうした政策がうまくゆくためには、保護手段は適度なものでありかつ区別を設けたものでなければならない。それらは高コストの事業を急速に成長させるものであってはならないし、保護自体は、輸出能力を発展させられる状態に持っていくためにも、工業が『初期』を越えて国内生産高が伸びていくとともに減らしてゆかねばならない。」(Kaldor 1974, pp.20-21)

では彼はいかにしてこの考えを途上国のための実際的な政策に適用したのであろうか。そのもっとも重要な鍵は「二重の為替相場」とい

58

う術語の中にある。注目に値するのは、この術語が単なる技術的な目的だけでなく国際貿易についてのカルドアの理想をも映し出していることである。技術的な目的については次のとおりである。すなわち、各途上国政府には基本的に「公的な」相場を主な輸出品やすべての必需品輸入に、そして「自由な」相場を製造業品の輸出入に、めいめい当てさせる。そうすれば

　「製造業品のそうした輸入への圧力が輸出に比べて大きくなればなるほど、自由相場は公的相場に比して高くなってゆくことになるだろう。自由相場が高くなればなるほど、工業輸出の発展への刺激は大きくなってゆくことだろう[6]。」(Kaldor 1964a, p.219)

　カルドアによれば、中南米諸国がうまく工業化できずインフレに見舞われたのはひとえに平価切り下げを行ったためであった。つまり、それにより換金作物の生産が増えて食糧の生産は減り、食糧は弾力的に供給できないために値上がりし、途上国では食糧費が賃金の大部分を占めているために賃金が上がらざるを得なくなり、それによって工業での生産費が上がり、生産物の国内価格も上がってしまったというわけである。またこれは都市の労働者から農家へ所得が移るという所得分布上の問題をも孕むものでもあった。

　そういうわけでカルドアは工業化の手段として差別的な貿易政策を提案し、全般的な平価切り下げを否定したのである。もちろん理論の上では、平価切り下げと農産物輸出税との組み合わせでも、農産物の輸出税と工業製品の輸出補助金との組み合わせでも、輸入従価税と輸出従価補助金との組み合わせでも二重の為替相場と同じ効き目が望めるはずである。しかしこれら代替案のうち第一のものは、農産物の輸出に高い税を課することは政治的に難しいという理由から、第二のものはダンピングと見られかねないという理由から、また第三のものは税と補助金とがひとりでに打ち消される保証がないという理由から、

それぞれ二重の為替相場より劣っていることになる。では次に、いかなる理想を彼が抱いていたのか、あるいは、こういった政策を唱えることでいかなる世界経済の姿を彼が目指していたのかということについて我々は明らかにしよう。

3　二重の為替相場政策に表されたカルドアの理念

　二重の為替相場に関する主張をもう一度辿ってみよう。思い出さなければならないのは、二重の為替相場に基づいた輸入代替工業化政策を扱う際、彼がそれを「もっとも有望な工業」(Kaldor 1983, p.36)のためのものと考えていたことである。

　　「スイスから香港に至るまで、工業の努力を狭い分野に集めることで——言い替えれば、それ以外の工業についての輸入代替を施す以前に・あ・る工業を主要な輸出者となる段階まで発展させることで——工業製品の一流の輸出者となることに多くの小国が成功してきた。工業化が『うまくいく』ための秘訣はこのように、『外への戦略』——発展の相対的に早い段階で選ばれた分野での輸出市場における競争力を発達させ、かつ輸出能力の伸びを工業活動の伸びと同じに保つこと——であるようだ。」(Kaldor 1977, p.204)

　このようにカルドアは二重の為替相場政策を平価切り下げに対する単なる代用品として提案したのではけっしてなかった。彼は、途上国の構造問題を解くためには平価切り下げは有害無益であると判断していたのである。製造業全体ではなくそ・の・特・定・の・一・部・分・こ・そ・が、彼が二重の為替相場によって保護や助成を目指したものだったのである[7]。
　ここで我々は、カルドアがこの政策を規・範・的・なものと考え、厚生経済学を始めたA. C. ピグーの名に言及していたことを心に留めねばならない。

「管理的・技術的双方の理由から、二重の為替相場という仕組みは、差別的な税と補助金との仕組みを伴うより伝統的な方法と同じく、限界社会的費用に従って相対諸価格を調整するピグー的処方箋とよく似たものを生み出しそうである。」(Kaldor 1964a, p.218)[8]

カルドアがいわばピグー式の政策を考えていたという事実は、彼の収益逓増(または循環的・累積的因果関係)・成長論に関して留意しなければならない第一の点である。明らかに彼はこの規範的政策によって、国際経済の場で「分裂効果」が働くのを防ごうとしていたのである。カルドアは自身の考えを説くために外国貿易乗数あるいは超乗数といったものにたびたび触れていたので、人によっては彼の収益逓増・成長論からR. F. ハロッドあるいはJ. R. ヒックスのことを思い出し、カルドアの輸出主導型成長は帝国主義的な政策を惹き起こすものであるという早まった結論に達することがないとは言えない。しかしそうした見解は偏ったものとして疑われる余地のあるものである。

今一つの大切な点は、自由貿易の利益に係わるものである。カルドアはいったい自由貿易をどのように考えていたのだろうか。彼が自らの収益逓増・成長論と矛盾のない手段を述べるにあたって、分裂過程が途上国の状態をいっそう悪くすることのないよう古典派あるいは新古典派の経済学者たちによって唱えられた自由貿易理論に反対していたことは言うまでもない。ただ彼はそうしながらも、「自由貿易」をそっくり手放しはしなかった。「二重の為替相場」という仕掛けを考えだし、その働きによって自由貿易の長所を生かしつつも短所を抑えさせようとしたのである。

カルドアはおもに動的な収益逓増との関連から、工業化も都市化も伴わない経済開発はあり得ないというふうに信じていた。工業化は別としても、どうして都市化が開発に欠かせないのかは自明ではなく、説明する必要がある。二つの間に歴史上密接な係わりがあったことに

触れつつ、カルドアは都市化がいかにして経済開発に資するかということを説明した。

「工業が地域的に集中することには、大規模操業の経済性を十分に超える非常に重要な利益がある。さまざまな専門的技能、実際的知識、そして市場——似たようなまたは関連した企業がお互い近くにあることはこの市場によって有益なものとなる——への近づきやすさが利用できるところに、そうした利益は見出だされることになる。」(Kaldor 1969, p.50)

さらに彼は原料の生産者と最終生産物の消費者との関係が込み入ってきたという実状との係わりから、都市化が避けられないものであることを説いた。

「二つの理由から、この過程は地理的な中心地の周りに集まりがちである。第一の理由は、それがうまくいくかどうかはかなりの部分、大いに専門化されたもっとも変化に富んでいる労働力——それは、いろいろな商品を作るいろいろな過程が同一種の専門的技能の助けを必要としそうな折に役立つことがもっとも望まれることになろう——があるかどうかにかかっているというものである。第二の理由は、似たような経験を持った人々の間で絶え間なく容易に伝達がなされることによる刺激は、専門化した中小企業の間での結合生産同様、異なった専門化をしている非常に多くの企業の間で一つの未完成品をしじゅう移すことになるというものである。」(Kaldor 1996, p.58)

カルドアは、「第二次大戦後の時代における製造業品の国際貿易の増加は、製造業国と第一次生産国との間でよりも製造業諸国間でのほうが——完成財間においても工業品の中間生産物間においても——は

るかに大きかった」(Kaldor 1985, p. 71) ことから、途上国は農業・工業間ではなくすべからく諸工業間での貿易をおもに目指すべきであると考えた。これはまた彼の収益逓増・成長論の論理的な結論でもあった。そういうわけで彼は二重の為替相場政策を力説したのである。その政策は「もしあまねく追求されるならば、自由貿易の利益を、途上地域の経済開発にとっての不利な条件——それは、もっと大いに発展している国々が存在しているという正にそのことから生じている——を取り除くことと結び付けることになろう」(Kaldor 1974, p. 27)。

このことを言い替えると次のようになる。分業をさらに進めかつ工業製品の貿易をさらに広げることにより、世界全体だけでなくそれぞれの途上国の福祉をも向上させる——これこそが、彼が叶えたかったことだったのである。我々は次の引用より、カルドアが抱いていた理念というのがA. A. ヤングによるA. スミスの諺の解釈を正に当てはめたものであることを察することができる。

　「ヤングの言うところでは、分業が市場の大きさに因っているのと同じく、『市場の大きさ』は分業に因っている。そうすると〔ヤングをふたたび引き合いに出すが〕『このより広い市場概念に照らして……変更を加えることで、アダム・スミスの格言はつまるところ、分業は分業に大いに因っているという法則と同じことになる』。」[10]
(Kaldor 1972b, p. 1245)

注目に値するのは、カルドアがスミス同様に、分業と市場との相互作用によってもたらされる長所を大へん重要なものと考えていたことである。カルドアの二重の為替相場政策は「差別的連盟（共同市場あるいは自由貿易地域）を作り出す——先進国間においてであろうが途上国間においてであろうが——ことよりも、世界経済を発展させるはるかによりよい方法」(Kaldor 1974, p. 28) であったであろう。それは先進国と途上国との双方が国際貿易から利益を得るためには欠くべからざ

る理想的な政策だったのである[11]。その一方で、Kaldor（1978c）において彼がある程度J.チェンバレン——前々世紀末以来のイギリス帝国主義における代表的人物——に触れたのは事実である。そこから、人によってはカルドアの収益逓増・成長論の帝国主義的思想に対する係わりを強調しようとすることがないとは言えない。だが上で述べたとおり、彼はその種の連想どころか、事物をバランス良く適切に見ていたのである。

念のために少し付け加えるならば、このカルドアの理念というのは途上国向けの政策の場合にのみ表れたわけではない。というのもカルドアはそのケンブリッジ大学教授就任演説——イギリス経済の低い成長率を論じたもの——において、「我々の資源をより少ない分野に集中させてそれ以外を見捨てることによって、言い替えればイギリスの工業が他国の諸工業と相互依存している度合いをいっそう増すことで」（Kaldor 1966a, p.32）、イギリスすらも利益を得ることができると述べていたのである。

我々はここまで、カルドアが、経済の実証的な性質を写しだしていた自らの収益逓増・成長論を規範的な開発政策へと見事に変えたことを説明してきた[12]。カルドアの持していた立場というのは、制度派経済学の泰斗であったK.G.ミュルダールの立場に似ている[13]。ミュルダールは次のように言った。すなわち、社会制度全体とは

「いわゆる経済的要因のほかに、すべての非経済的要因……——そこに我々は外生的要因の一式として、これらの内生的要因のうち一つもしくはいくつかを変えるために応用された誘発的政策手段を加えねばならない——をも取り巻くものである。」（Myrdal 1974, pp.729-730）

途上国における生産の拡張だけでなく平等をも追い求めたという点で、ミュルダールがカルドアより認識が鋭かったことは事実である[14]。

だが一方で、それらの国々に対してより実際的な政策を適切に述べたという点においてカルドアが独自の働きをしたという事実を否定することはできないであろう。

4 結びの所感

前の節までで行ってきた議論をまとめよう。明らかにされたことの一つめは、カルドアが唱えた開発政策は経済の実証的な姿の理解に基づいて築かれた規範的なものであったということである。そして二つめは、その政策が、国々が主に製造業品間の国際貿易から互いに得るものがあるように意図されていたことである（ゆえに、帝国主義的な思想がカルドアの収益逓増・成長論の論理的な結論に外ならないと理解するのは誤りであるということになる）。さらに我々は、この規範意識はミュルダールのものに繋がっているということを確かめた。

このようにカルドアの開発政策はそれ自体において一貫したものであったが、それでもなお議論の余地のある点がいくつか残っている。我々は最後に、この章の内容を振り返りつつこれらに触れることにする。

まず第2節との係わりで触れたいのは農業の役割についてである。カルドアは「第一次産品にすっかり専門化して工業品はすべて外国から得ている国がこれまで一人あたり実質所得の高い国になり得たことはない」(Kaldor 1974, p.19) と考えていたので、経済開発において製造業の果たす役目をとても重要なものと見做していた。他方彼は、経済開発のはじめの時期に係わるもの——過剰農産物を生み、製造業の活動に弾みを与え、労働力および資本を農業から製造業に移すといったことを目的とした農業革命——を除けば、農業の役割を考慮に入れることはほとんどなかった（第一次産品の安定化は開発政策と直接には関係ない）。そして輸入代替が済んだ後の農業については、せいぜい高くしっかりした成長ということしか提案していない (Kaldor 1977)。と

ころが世界を集合的に論じた2部門モデルにおいてカルドアは、世界的な見地からいって「2部門は互いに安定した関係になければならない」(Kaldor 1996, p. 112) と言い、農業部門に適切な役割を実際負わせている。もしそうするとして、我々は作物を生産する責任をだれに持たせるべきなのであろうか。彼はこの点に関して、曖昧なビジョンしか明らかにしていない。

それにもかかわらず、もしカルドアの開発経済学が「2部門2段階モデルに論理上関係していない」(Toner 1999, p. 156) とすれば、——発展を経験してきた国々における農業についての彼のビジョンは漠然としたままにはなるものの——2部門モデルが万一くずれることがあったところで彼の開発経済学もそこに表された理念も有効でありつづけることができるであろう。

第3節に関しては、取り上げるべき点が二つある。一つは分裂効果についてである。不思議なのは、Kaldor (1981) やKaldor (1984) などで軽く言及していることを除いて、カルドアが「模倣もしくは対抗心」、すなわち「分裂効果」の反対の概念をほんの僅かしか探究しなかった点である。しかしそうした一方で彼は「分裂効果」のほうには大いに興味を感じていたのであった。たぶん彼は、「模倣もしくは対抗心」は現実経済にとってあまり重要でないと考えてそうしたのであろう。もしそれが事実であったとしても、ミュルダール自身が、彼から循環的・累積的因果関係という考えを得たカルドアとは対照的に、「逆流効果」に加えて「波及効果」のほうにもそれなりに光を当てていたことは否定のしようがない。

こうした認識から彼は、カルドアが軽視した波及効果を強めるような制度的諸条件を整えることを強調することになった。もちろんカルドアの開発経済学は分裂過程が激しさを増すことのないように考えられていたわけであるから、たとえ実際に発展してゆく中で「模倣もしくは対抗心」が彼の予想に反して相当程度に作用したとしても、それは途上国にとって追い風になることはあっても向かい風になることは

第 2 章　カルドアの収益逓増論と開発政策

ないであろう。

　第 3 節に関して取り上げたいもう一つの点は国際分業に関するものである。第 3 節の後半で扱ったように、カルドアはスミスの考えからほのめかされて、製造業における専門化と諸国間の相互依存とに基づいた国際貿易の必要性だけでなく、都市化もしくは地理的な集中の必然性についても、中間財産業が入り組んできているという事実にかんがみて主張したのであった。だがこれらの彼の議論をもう一度考えてみるならば、いくぶん妙な点があることに我々は気づかないわけにはいかない。

　彼はめいめいの国が第二次産業の限られた分野に特化することで生まれてくる利益を説明したが、その一方で、一国内に多様な種類の投資財産業があることによる長所について述べていた。ここから、「製造業の拡張による発展というカルドアの『目標』は彼の好んだ『手段』、すなわち生産における専門化と矛盾している」(Toner 1999, p. 158) のではないかと思われるのである。ただ、よしそれぞれの国の第二次産業がだんだん一つにまとまりつつあって、かつある程度まで互いに協力しているとしても、製造業品間での国際特化が完全に否定されるということにはならないだろう。

注
1) カルドアがどの地域を開発途上であると考えていたかは必ずしも明らかでない。ときどき触れた国々から察するに、彼が最も関心を持っていたのは南アジアの国々であったようである（カルドアは中南米の中進諸国についても言及していたが、それは自分の理論を例証するためであった）。ただこの章では国々の違いは考慮に入れない。
2) この章で我々が使う「規範的」という言葉について説明しておきたい。序章でも述べたように、循環的・累積的因果関係論というのは基本的に、これまで経済社会が辿ってきた（あるいは、これから辿ることになる）過程を分析するためのものである。つまり、経済社会の実際の動きを説明するのがその役目であるといってよい。したがって、ある人がそうした現実の動きを望ましくないと思うならば、自分はどういう在り方を望ましいと思うか──これ

は特定の価値判断である——についてはっきりさせた上で、経済社会がそちらに向ってゆくよう導く必要性を唱えるということになる。

　循環的・累積的因果関係論によって経済社会を分析した場合、それを踏まえた政策というのは、ふつうこうした形でしか出てきようがない。実際、第1章、第4章、第5章で出てくる議論もそのような形になっている。だからこの章におけるカルドアの政策論も、それらと違うところがないのであれば、事新しく「規範的」などと言うべきではないだろう。なまじそんな言葉を使えば、読み手が戸惑ってしまう虞があるだけである。それにもかかわらずこの章におけるカルドアの政策論に限って「規範的」と呼ぶのは、次の理由による。すなわち、この章におけるカルドアは、経済の望ましい在り方に関する基準を厚生経済学的思考から持ってきているという点である。言うまでもなく、厚生経済学はその内側に「望ましい在り方」についての基準を備えている。後に見てゆくように、この章でのカルドアの政策論は、一方で循環的・累積的因果関係論によって自由貿易の悪い点（分裂効果）を暴きながらも、他方で二重の為替相場によって自由貿易の良い点をしっかり活かそうとしたところに特徴がある。つまりここでいう「規範的」政策とは、別途何かの価値判断を外側から持ってくることなく、彼の言うところの「ピグー的」理論の内側でおのずと採るべき政策が決まってくることを指しているのである。

3）彼の開発論にはいろいろな側面——技術選択、租税の役割、商品価格安定化など——があり、それら一つ一つはもちろんどうでもいい論点であるというわけではない。だがこれらの側面はカルドア自身の理論と開発政策とが結びついて出てきた事例とは言えないのでここでは省くことにする。

4）これについてはのちほど詳しく述べる。

5）過剰農産物を生み、製造業活動に刺激を与え、そして労働力と資本とを農業から製造業へ移すために、農業革命を通じて農業の生産性を第一にあげることが途上国——その特質は低い一人あたり実質所得ならびに第一次産業に偏った産業構造にある——の工業化にとってまず必要であるとカルドアは見なしていた。このことは、第4節の三番目の部分と多少関連している。しかしそうした話題は、この章における第一の主題と直接には関係ない。

　この点について、我々はMyrdal（1974）でなされた経済開発の定義、「社会制度全体の上への動き」（p. 735）に注目しなければならない。ミュルダールこそカルドアが循環的・累積的因果関係という考えに対して恩を受けた人物であるわけだが、そのミュルダール自身は意識して自らの定義のなかに非経済的要因——カルドアはこれをそれほど重要だと見ていなかった——を入れていたのである。

第 2 章　カルドアの収益逓増論と開発政策

6） なお、Kaldor（1984）では「公的」、「自由な」という用語の代わりに「一般的」、「特別な」という用語が当てられている。
7） もちろん、実際的な目的にもかかわらず、どういった産業が広がるかを予測するのはたやすいことではない。というのも、技術、産業、福祉、生活などそれぞれを巡る状況が時代と共に変わりつつあるからである。だが我々は当分、考慮中の仕事に注意を集中することにしよう。
8） 彼はまたKaldor（1970b）で循環的・累積的因果関係の作用を論じる際にも、ピグーについて述べている。
9） これがやがて分極化を惹き起こすのである。ちなみに、遂行知と説明知との間にははっきりした違いがあるので、情報産業がどこまで進歩しようとも、動的な収益逓増をもたらす要因の一つであるとカルドアが考えていた伝達の容易さはけっしてその重要性を失うことはないであろう。
10） カルドアがここで引いた一節の原文はYoung（1928）の533ページに見られる。
11） 第一次産品の交易条件に関してカルドアが行った提案の基となっている観点は、ここで扱ったものと似ている——ともに、国際協力のもとでの公共規制を通して、市場機構によるのとほとんど同じ成果を手に入れることを狙ったものである。Kaldor（1963b）を参照。
12） カルドアはほかにも同じような提案をしている。例を挙げると、彼は技術革新の現実の傾向に直面しながら、途上国に有利となるような望ましい技術開発の方針について述べた。例えば、Kaldor（1969）やKaldor（1981）を参照。
13） ミュルダールを含めた制度派経済学者に共通の観点については、Tsuru（1993）を参照。
14） Myrdal（1975）を参照。
15） 井上（1997）を参照。

第3章 カルドアの収益逓増論と所得分配政策

1 はじめに

　これまで、N. カルドアが成した業績のうちもっとも人口に膾炙してきたものの一つに、「分配の択一的な諸理論」(1955-56年) で公にされたいわゆるケインズ派分配理論がある。この仕事に続いて実に百五十を超える研究がなされてきたことを考えても、その理論の偉大さというのは否定しがたいものであると思われる。J. V. ロビンソンは「真の諸科学においては、独創的な仕事というのは発見である。つまり、いつも遍在していて気付かれるのを待っている諸関係を見いだすこと、これである」(Robinson 1965, p. 95) と言っているが、カルドアの仕事も、学界に対して大きな貢献をしたまことに独創的なものであったと言えよう。

　しかしその分配理論には、「ケインズ経済学から見た資本主義の発展」(1956年)、「経済成長のモデル」(1957年)、「資本蓄積と経済成長」(1958年)、「経済成長の新しいモデル」(1962年) というケインズ派成長理論の流れにおける一被説明変数（分配率）という側面があったことを我々は忘れてはならない。この点に注意するならば、マクロ経済理論における金字塔となっているこの分配理論をカルドア自身が終生支持すべきであったかどうかは決して自明ではなくなってくるのである[1]。というのも、1960年代後半以降、カルドアはそれまでの体系的・公理論的な成長理論を離れ、「経験的に見られる諸現象からどのような規則性が発見できるか、さらに、その関連はどういった個別的に検証可能な仮説によって説明することができるか、について知ろうと努め」(Kaldor 1978a, p. xvii) るようになったはずだからである。工業におけ

71

る動的な収益逓増、循環的・累積的因果関係、工業・農業という異なった部門間での相互関係——こういった、それまでは無視されていた要素を重視しはじめた60年代後半以降の彼の新しい成長理論に、(以前の成長理論と一体化していた)例の分配理論をそのままで併存させることができるのであろうか。R. ボワイエ、P. プチ、P. トナーなどが指摘するように、カルドアの新しい成長理論に沿ったものを考えるべきではないのか。

この章ではこういった問題意識を受け、カルドアの新しい成長理論と整合性のある分配理論とはどのようなものかという主題について探究する。さらに、M. カレツキの分配理論に動的な収益逓増というものを織り込むことも試みる。それにあたっては、工業における分配については動的な収益逓増や寡占化を反映させねばならないであろうし、彼が輸出需要を重視したり農業と工業との関係に注目したことも無視するわけにはいかないであろう。かつてカルドアは「分配の択一的な諸理論」においてD. リカードやカレツキの分配理論に触れこそしたものの、それらは自分の理論に補足的な限界を規定するものにすぎないと見ていた。しかしこうしたリカードやカレツキの理論も、カルドアの新しい成長理論とのかかわりという観点から今一度見直されるべきなのである。

次の節では、議論の準備としてケインズ派成長理論と新しい成長理論との相違を概観する。それを踏まえて、第3節ではカルドアの収益逓増・成長論にふさわしい分配理論の一つの可能性としてカレツキの理論を取り上げて追究する。そして最後の第4節でカルドアの2部門(農業・工業)成長理論とリカードの分配理論とを簡単に比べ、この章を締めくくる。

2　ケインズ派成長理論と新しい成長理論との相違

（1）　ケインズ派成長理論

　カルドアのケインズ派成長理論では、分配率については、百年ほど安定的である理由を示すことが目的とされていた。そのはじめのものは「分配の択一的な諸理論」である。ここでカルドアが試みたのは、「ケインズ派のマクロ経済学を価値および分配の理論に統合し、リカードや〔K. H.〕マルクスの「古典派」の方法は順々に後に出てくるものの特殊な事例として考え得るという事を示」(Kaldor 1980, p. 8)すということであった。続く「ケインズ経済学から見た資本主義の発展」においては、資本主義がある程度まで発展してゆくと生存賃金は確保されるようになって実質賃金は上がってゆき、分配率は一定になるというところから、マルクス理論の限界とケインズ（派成長）理論の意義とがはっきりと唱えられている。なお前者でカルドアが扱った五つの分配理論——リカード、マルクス、限界生産力説、カレツキ、カルドア——のうち、限界生産力説以外の四つのものはいずれも、伊東光晴の言う「広い意味の利潤がまずとらえられ、ついで、この広い意味での利潤が、利子や狭い意味での利潤に分かれていくという構造」（伊東 1993、10ページ）を持った理論であると考えてよいであろう。

　この後もカルドアのケインズ派成長理論は少しずつ変わってゆく。「経済成長のモデル」では彼は、貯蓄性向や生産性成長率や人口増加率といったものは（それまで考えられてきたような）経済に対して外生的なものではなく、簡単な関数関係で示し得る内生的なものであるという考えからモデルをつくっていった。彼はまたこのモデルによって、発展した資本主義経済における資本・産出比率や利潤分配率や資本利潤率といったものが（歴史的に）どうしてほぼ一定のままでいるのか、といったことが説明できるとしている。そこでもっとも大きな役割を担ったのが、資本蓄積による生産性の変化と発明または革新による生

産性の変化とを一体として扱うための装置——技術進歩関数——であった。長期均衡における資本・産出比率や利潤分配率や資本利潤率が技術進歩関数、投資関数、貯蓄関数の係数によって決まるとするこのモデルあたりから、分配率は彼のケインズ派成長理論によって説明される変数のうちの一つにすぎなくなってゆく。

　この流れに沿った次の論文が「資本蓄積と経済成長」である。ここでカルドアは古典派、新古典派からケインズ派まで五つの成長モデルを示し、それぞれの長期均衡においてマクロ諸変数がどうなるかということを調べた。そして六つの「定型化された事実」[4]が新古典派では説明できないけれども（自分のこしらえた）ケインズ派成長理論では説明し得るということを示した。この論文においても「経済成長のモデル」と同じ型の技術進歩関数が大きな役割を果たしているが、モデルとしてはいっそうしっかりしたものとなっている。ちなみに、古典派、新古典派、ケインズ派と順に並べて成長の理論を展開しているあたりは、「分配の択一的な諸理論」と似たやり方である。あの論文においても古典派、新古典派、ケインズ派というふうに分配の理論が説明されており、後に出てくるものが前のものとどういう関係にあるか、というところに重点が置かれていたように思う。

　その4年後、カルドアはJ. A. マーリーズとともに「経済成長の新しいモデル」を公にした。この論文はカルドアによる成長のマクロ経済モデルの最後のものであり、4年前に出した「資本蓄積と経済成長」をかなり改めた内容となっている。この論文では、そもそも労働生産性の成長率と資本装備率の成長率との間の技術的なかかわりを示すために編み出されたものであった技術進歩関数が、「工員当たりの粗（固定）投資の変化率と新しく取り付けられた設備についての労働生産性の上昇率との間の関係を示すように再定義されている」(Kaldor 1962, p. 174)。加えて、技術進歩は新しい機械を作ることによってしかもたらされず、しかも機械は時間とともに陳腐化してゆくと前提されているため、資本存在量であるとか資本蓄積率といった概念は出て

こなくなった。

　カルドアのケインズ派成長理論は、以上のようにあちらこちらの点で移ろってきた。しかしそんな中でも分配率に気を付けてみると、その基本的な形は変わっていないことがわかる。

　一連のケインズ派成長理論において、利潤分配率の基本的な式は一貫して次のように表される（ここで$P、Y、\alpha、I、K、G$はそれぞれ、利潤、産出量、利潤からの貯蓄率、投資、資本、均衡成長率を示しているとする）。カルドアはこれを単なる等式ではなく右辺から左辺への因果関係を示すものであると解した。

$$\frac{P}{Y}=\frac{1}{\alpha}\cdot\frac{I}{Y} \quad \text{あるいは} \quad \frac{P}{Y}=G\cdot\frac{1}{\alpha}\cdot\frac{K}{Y}$$

　彼はこの理論に対する制約条件としていくつかのものをあげているが、特に、（ａ）実質賃金はある最低限未満には下がり得ない、（ｂ）資本利潤率は、市場の不完全性を示す「独占度」の率以上でなければならない、という二つは重要である。というのもカルドアによると、（ａ）はリカードの理論、（ｂ）はカレツキの理論を自らの理論と関連づけているものであるからである。ケインズ派分配理論ではこのように、リカードやカレツキの理論は単なる補足的な条件としてしか係わってこない。

　ケインズ派成長理論において持続的な完全雇用が仮定されていたのはよく知られているところである。収益法則については、基本的には収益一定を前提にしている（「経済成長のモデル」では特殊事例という形で収益逓減にも触れている）。またそこでは価格調整の世界が想定されている。カルドアが価格調整を想定していたことは、過少雇用均衡という考えを用いないのになぜ「ケインズ派」と銘打っているのかということに関する釈明の中に見て取れる。

「……ケインズ派の思考の道具立てというものは明確に完全雇用の状態にも適用できるものであって、過少雇用という状態のみにしか当てはまらないものではない。そしてそのことには次のようなそれなりの証拠がある。『一般理論』においては完全雇用という状態に対しては自分の考えは何の妥当性をも持たないことを明白にしたとはいえ、(『貨幣論』における) 考えの発展のより早い段階において、ケインズは乗数原理——支出が所得と貯蓄とを決めるのであってそれ以外ではないという考え——を雇用理論としてというよりは価格理論としての目的のために適用していたのである。」
(Kaldor 1957a, p.594)

　問題は市場構造である。カルドアはこれについてあまりはっきりとしたことは述べていない。ある文脈で「かくして我々のモデルは、……完全雇用を確かなものにするのに足るだけの需要を産み出すほどに十分競争的であるような資本主義経済に係わるものとなるのである」(Kaldor 1957a, p.609) と言っているかと思えば、「資本蓄積と経済成長」のモデルにおいては企業の平均主要費用が完全雇用に至るまでは一定であるとし、寡占をにおわせている。さらに、モデルの制約条件の一つとして市場の不完全性を反映する指標をあげているところにも、完全競争とは異なった市場観がかいま見られるのである。
　以上がケインズ派成長理論の性質である。

(2)　新しい成長理論
　先に見たように、カルドアは自分のケインズ派成長理論を何度も練り上げていった。しかし、それらに最終的な結論が出ることはなかった。カルドアは晩年にこう言っている。

「……私の理論の考えの発展は成長モデルに関しては決して終わっていない。『モデル』の包括的な形における結果を私はまだ述べる

ことができていないにもかかわらず（もっともことによると将来できるかもしれないのであるが）、1965年以来、それら〔マクロ経済モデル〕はすっかり変わり果ててしまったのである。」(Kaldor 1986b, p.20)

これ以降カルドアは、「どちらかと言えば一般的な特質を備えたマクロ経済の公理から演繹的に推論して進めてきた一連の理論的な諸論文」(Kaldor 1978a, p.xvii) に従事するのをやめ、経済社会の現実から法則を帰納してくるというやり方で成長を考えるようになった。彼によれば「その研究法は（体系の包括的なモデルから出てくる説明を求めているのではないという点では）視野においてはより控えめなものであり、それが現実的な問題への解答（すなわち救済策）を見いだすこと自体を目指しているという点ではより意欲的なものである」(Kaldor 1978a, p.xviii) った。

それではその新しい成長理論とはどのようなものだったのか。我々は続いてその性質を見てゆくことにしよう。

先にも述べたように、新しい成長理論とはいっても、ケインズ派成長理論のような精緻なモデルを彼がこの時期に作ったわけではない。60年代後半以降の彼の成長理論に関しては、単にこれといった代表作を一つあげるということがままならないのみならず、その内容も少し幅のあるものとなってしまっているというのが実態である。そこでここではその核となる部分について述べてゆくことにしたい。

新しい成長理論においては、工業の姿と農業の姿とは意識的に区別して描かれている。「ケインズの『一般理論』の基となっているモデルは単一部門モデルであ」(Kaldor 1978a, p.xxi)り、カルドアの（1950-60年代の）成長のマクロ経済モデルはそれに基づいたものであった。そこでは均衡成長率は自然成長率によって外生的に決まることになっており、さらにまた完全雇用が仮定されていた。しかし現実には「第一次、第二次、第三次部門の間で産出が大いに補足され合っているように、科学技術や市場構造や競争の性質には重要な違いがある」

(Kaldor 1986b, p. 22) わけであるから、「成長過程の本質は、農業と産業とから成る2部門モデルを基礎にしたときにのみ徹底的に理解することができる」(Kaldor 1978a, p. xxii) のではないか。カルドアはこう考えはじめ、次のような2部門モデルを構想しはじめたのであった（この引用文に出てくる「穀物」、「鋼」はそれぞれ農産物、工業製品を代表したものである）。

「各部門では今期所得（あるいは産出）の一部を蓄えることによって資本が蓄積される。ただ、それぞれにおける蓄積過程の性質には重要な違いがある。農業の場合、貯蓄という行動は今期所得の一部を消費するのを控えようとする決定を伴っている。それは市場において、新たな技術を取り入れるために求められる資本財と交換に売られる。そういうわけで、蓄積率ひいては土地節約的新機軸の導入率というものは、一部は産出のうち貯蓄される比率、また一部は『穀物』が『鋼』と取り替えられる条件によっている。よって、穀物生産者の事例においては、貯蓄こそが、交易条件と並んで資本蓄積率を決める根本的な決定であるというふうに想定することは正しい。いっぽう鋼生産者の場合には、ことはさかさまとなる。投資が基本であって、貯蓄は副次的である。投資決定こそが、それに見合った利潤、そして貯蓄を産み出させるのである。」(Kaldor 1996, p. 43)

そこにおいては、工業は不完全雇用、数量調整、収益逓増、寡占で特徴づけられているのに対し、農業では完全雇用（但し擬装失業を含む）、価格調整、収益逓減、競争が一般に行き渡っているとされている[7]。ただここでいう収益逓増とは動的な過程であって「普通に考えられているような大規模生産の利益とはまったく違い、熟練および実際的知識の発展や、考えおよび経験がたやすく伝達できるような機会や、常に強まりながら過程が分化したり人間活動を専門化したりする機会、と

いったように、工業それ自身が成長することで生まれてくる累積的長所」(Kaldor 1970b, p.143) である点に注意せねばならない。[8] 工業におけるこのような累積的過程のことをカルドアはK. G. ミュルダールに倣って「循環的・累積的因果関係の原理」と呼び、収益逓増と並ぶ、新しい成長理論の重要な概念に据えた。[9]

この新しい成長理論においては農業部門が経済全体の成長を左右することになる。なんとなれば、農作物（第一次産品）というのは価格機構を通じて取引がなされるために価格が不安定であり、緩衝在庫制度を設けたりして価格を安定させない限りは農業所得が不安定となって工業部門にとっての外的需要（農業部門からの製品需要）に悪影響が出てしまうからである。

「こういったモデルにおいては、成長率を左右する根本的な強制になっているのは人口成長や労働節約的発明の速さではなくて、産業の産出と農業の産出との間の交易条件が与えられたときに『過剰農産物』の成長を決める土地節約的な発明の進歩なのである。そこでの2部門間の均衡『交易条件』というものは、これらの相対的な成長率がお互いに維持できるような関係に必ずあるようにする条件によって決まることになる。こういったモデルにおいては『ケインズ派部門』の成長率は部門外に起こる外生的な需要項目の成長によって決まるので、完全雇用という仮定が必要とされない閉鎖モデルがもたらされることになるのである。」(Kaldor 1978a, p. xxii)

以上で確かめたように、ケインズ派成長理論と新しい成長理論とは異なった経済観の上に立った別々の理論である。もっとも前者でも寡占的な市場構造が意識されているようであったが、それには利潤率に下限を設けるという役割しか与えられていなかったといえる。したがって、Kaldor (1996) のように双方を事情に応じて使い分けることは

本来あってはならない、ということになる。そこで次節では、後者の成長理論と両立しそうな分配理論の一例としてカレツキの理論を取り上げてその妥当性を考察する。

3 カレツキの分配理論との接合可能性

かつてカルドアが（ケインズ派の）分配理論を築いたとき、彼はカレツキの理論を俎上に載せつつもそれを認めなかった。しかしこのカレツキの考えには、60年代後半以降のカルドアの成長理論とある程度両立し得る分配理論を築く鍵がある可能性がある。たとえば、この時期のカルドアは工業部門の成長は外的な需要によって左右されるという考えを強く抱くようになるが、これはカレツキが自らの所得（利潤）決定理論における「『外部』市場の重要性」(Kalecki 1965, p.52)に着目していたのと通じる点がある。しかも、カルドアがよりどころとした外国貿易乗数にしても、カレツキが問題としたのが純輸出であったということにしても、輸出の重要性を論じつつ輸入の側面を見落としていなかった点においてまた共通しているのである[10]。そこで我々はまずカレツキの分配理論について簡単にさらい、次いで、それがカルドアの新しい成長理論と適合的かどうか調べることにしよう[11]。

カレツキの分配理論は1938年に出た最初のものから死後1971年に出されたものに至るまでの間、いくつかの点において変遷を経ている。しかし、過剰設備を擁する代表的製造企業での費用・価格関係から論を起こし、二つの変数——独占度（を表す指標）と原料費・賃金比率と——を軸にして筋肉労働者の分け前を説明する、という論理の骨組みは一貫したものであった。さらに1941年以降になると、不完全競争論の影響を受けたこともあって（代表的）企業の価格決定に産業平均価格という変数が入ってくる[12]。しかしそれでもカレツキが重視していたのは初期から軸においていた二つの変数のほうであった。改良を重ねたのちの彼の定式化は、製品一単位あたりの主要費用をもとにして価

格が決まるという寡占市場を前提として、次のように示される（ここで w、k、j はそれぞれ、筋肉労働者の分け前、独占度によって決まる値、総原料費・賃金総額比率を示しているとする）。

$$w = \frac{1}{1+(k-1)(1+j)}$$

　カレツキがそもそも注目していた分配率の安定性もこれによって説明された。たとえば、不況期には間接費を賄うなどのために独占度は上げられるものの原料費は競争的一次産品市場での需要が減ることで安くなり、上の式から求められる分配率に対して互いに逆の作用を及ぼすというわけである[13]。

　それでは、カレツキの分配理論がどういった前提の上に築かれたものであるのか調べてみよう。寡占市場および寡占市場における数量調整が前提されている点は今概観したとおりであり、カルドアと同じ前提である。一方で、失業が存在していることになっているかどうかについては、カレツキの寡占価格・分配理論のみを見る限り必ずしも明らかではない。これは、彼の寡占価格・分配理論自体では生産量が決定できない点とかかわりがある。しかしこれと補完関係にある彼の国民所得決定理論を見ればわかるように、彼は失業が存在するのが一般的な姿であるととらえていた[14]。

　カルドアとカレツキとをくらべる際に簡単にはいかないのが収益法則である。カレツキは過剰設備およびほとんど不変の平均可変費用を前提していたので、収益逓増を想定していたと考えられる[15]。これはカルドアも認めていた収益法則であり、一見違いがないかのようである。それにもかかわらず、ここには二つの大きな問題点がある。

　第一に、両者では収益逓増をもたらす枠組みが異なっている。すなわち、カレツキが考えていたのが製品差別型寡占であったのに対し、カルドアが考えていたのは集中型寡占であった[16]。このことは我々の試

み――カレツキの分配理論をカルドアの新しい成長理論に接ごうというもの――にとって妨げとなる可能性がある。なぜなら、カレツキの分配理論というのは一企業の費用・価格関係を産出高で加重平均することによって一産業での費用・価格関係に広げるという手続きに基づいているが、この方法には見過ごすことのできない問題が潜んでいるからである。

「産出量は価格と無関係ではないので、企業の価格をその産出量によって加重づけすると計算に偏りがもたらされることになる。このことは、大企業と中小企業との間には技術的な不連続性のために量的のみならず質的な違いがあるとする〔シロス－ラビーニ〕によって力説されている。……ゆえに、安い費用で動く上等な生産技術を持ち、その産業の平均に満たない価格を請求している支配的大企業と、低めの生産量と高めの費用とによって平均より高めの価格を請求している中小企業といった両極端の間には違いがあることが指摘できる。そこで当然、企業の価格とその価格につけられた重み（すなわち生産量）とのこうした相互関係によって、産業の平均価格を測るにあたっての偏りがもたらされることになる。」(Kriesler 1987, pp. 66-67)

そしてもう一つの問題点とは、カルドアが強調した（工業における）動的な収益逓増についてのものである。第2節で述べたように、工業過程での循環的・累積的因果関係は「活動それ自体によって」(Kaldor 1964a, p. 217) もたらされ、しかもそれこそが市場というものの作用に外ならない、というのが経済動態に関する彼の認識であった。つまり、工業が寡占市場で特徴づけられるとするかたわら、その工業に働いている市場の別な力にも目を配っていたわけである。[17] この動的な経済像は、Kaldor (1972b) などで彼自身述べているように、A. スミスの分業論まで遡ることができる思想である。リカードもまたこの流れと無

縁ではない。リカードはかつて次のように言っていた。

「富および人口が進歩するうちに、原産物と労働とを除いたあらゆる品物の自然価格は下がってゆく傾向にある。というのは、それら自然価格はもととなる原料の自然価格があがるために実質値においてあがるものの、こうしたことは、一方で機械類が改良され、労働がよりよく分割・配置され、科学と技術との両面における生産者の腕前の高まることにより、十二分に相殺されるからである。」
(Sraffa 1951, pp.93-94)

さて、カレツキの市場観をこうした思想の流れと比べてみると、それが静的なものであることがはっきりする。もちろんカレツキはマクロ経済の動態に大いなる関心を示していたし、その理論化につとめたこともよく知られている。にもかかわらず、彼にはスミス、リカード、カルドアのような市場認識が見られないのである。つまり、カルドアにおいては経済動態は市場構造と密接にかかわっていたのに対し、カレツキにおいては両者の間に直接的な関係はなかったということができよう。

以上で見たように、カルドアの収益逓増とカレツキの収益逓増との間には重大な二つの違いが横たわっている。ただ、このことをもってカレツキの分配理論をカルドアの(新しい)成長理論に接ぐべきでないと一義的にいうことはできない。問題は、カレツキ・カルドア間の違いをどこまで過小評価できるかである。我々はこの取り組みでどこにもすきのない厳密な接合を求めているわけではない。それなりの整合性を備えた、互いに補いあうことのできる実際的な接合であればいいのである。

では、カレツキとカルドアとの差異が際立たないような状況とはどのようなものであろうか。まず第一に、一企業での費用・価格関係から産業全体における分配関係へというカレツキの論理が綻びないため

には、大企業も中小企業も似たような設備の下で操業しており、先行した大企業にもそれほどの技術的優位性はない、という条件が必要になる。さらに第二に、カルドアの重視した（工業での）動的な収益逓増が何らかの理由によって利きにくくなっている、という条件も満たされねばならない。これらのことが長期的に続くようであれば、上で見た両者間の隔たりは相対的に小さくなり、カレツキの分配理論をカルドアの新しい成長理論につなぐことができるように思われる。しかしながら、カレツキ・カルドア間の違いというのはそれぞれのビジョンに大きく係わったものであるので、これらの条件は一般には満足されないであろうことを我々は忘れるべきではない。

　以上、カレツキの分配理論はけっしてカルドアの（新しい）成長理論を無条件に補完するものではないことを我々は見てきた。とは言っても、両者をつなぎあわせることができるかどうかというのが本章の主題であるからには、（上で述べた二つの条件からの逸脱が甚だしくなくて）両者をつぎあわせ得た場合にいかなる経済が現れ出ているのかについて述べないわけにはいかない。そこでそれを簡単に記すと、工業が不完全雇用、数量調整、収益逓増、寡占で特徴づけられ、農業が完全雇用、価格調整、収益逓減、競争で特徴づけられていて成長を考える際には両産業部門の間での交易が大きな意味を持つ反面、分配のほうは（マクロな分配に農業部門が果たす役割は小さいというカレツキに従って）工業における可変費用とマーク・アップとのかかわりによって決まるような体系ということになる。さらに、どの寡占産業を見てもリーダー企業と限界企業との間に際立った技術の不連続生がなく、かつ工業の成長がかんばしくなくて、熟練が発展したり経験がたやすく伝わったり分業や専門化がいっそう強まったりといった市場の累積的な長所が出ていない経済状態ということになろう。

　最後に、カレツキの分配理論に循環的・累積的因果関係の原理を反映させることを考えてみよう。先に分配の式

$$w = \frac{1}{1+(k-1)(1+j)}$$

で「独占度によって決まる値」として出してきたkは総売上高を総主要費用で除した値であるが、もともとは、代表的な製造企業における製品価格を主要費用で割ったものであった。もし技術進歩があれば主要費用(賃金費用および原材料費)は減るであろうが、寡占のために製品はそれほど値下がりしないので、独占度は上がることになる。つまり動的な収益逓増があるとkは上がってゆくということである。そのとき、総売り上げ高から総主要費用を減じた部分(共通費および利潤)が膨らんでいることになる。では分配の式におけるもう一つの変数、j(原材料費総額を賃金総額で割ったもの)についてはどうであろうか。マイナー・イノベーションによって(わずかずつとはいえ)持続的に資本装備率が上がってゆく状況を考えると、賃金率一定の下ではjはその分母が小さくなるので上がってゆくことになる。つまり、付加価値に占める賃金の割合wは、k、jの双方から影響を受けて下がってゆくことになる。

　生産性上昇に伴って賃金率が上がる場合についても見ておこう。生産性が上がることを前提とはしていないものの、賃金率が上がることが分配に及ぼす影響については、Kalecki (1971a)で論じられている。その考えを応用すると、話は次のようなことになろう。寡占企業としては、もし労働組合から生産性上昇分以上の賃上げを求められたらそれに応じて製品の値上げをしたいところであるが、それをやりすぎると自社のものが売れなくなるので、賃上げが生産性上昇分を上回ったのと同じ割合で値上げをすることはできない。つまり労働組合がつよすぎるとそれに応じて独占度は下がる。その結果、賃金財生産部門においては利潤から賃金へと所得再分配が起こることになる。もともと、賃上げがあると——そして、その賃上げ額はすべて消費に回されるとすると——それと同じ額だけ賃金財生産部門の利潤が増すことになっ

ていたのであるから、その上に労働組合の力によって再分配が起きるということは、賃金財生産部門での産出高・雇用が増えるということを意味している。[19]賃金率一定のときは動的な収益逓増が働くことで筋肉労働者の分け前wは小さくなる一方であったが、つよい労働組合があった場合は、それとは逆向きの力が働きつづけるというわけである。

4　カルドアの2部門成長理論とリカードの分配理論との対比
　──結びに代えて

　前節までで我々はカルドアの収益逓増・成長論に合った分配理論としてカレツキの理論を当てることができるかどうか、またその際の条件は、といったことについて探究してきた。さらには、カレツキの分配理論に動的な収益逓増というものを織り込むことも試みてみた。しかし話はこれだけでは済まされない。というのも、第2節で述べたように、カルドアの新しい成長理論では農業部門にも注意が払われていたからである。この農業を含めた経済にふさわしい分配理論とはどのようなものであろうか。[20]

　残念ながら、工業部門での分配を考える際には偉力を発揮し得たカレツキの理論も、農業での分配に適用することはできない。カレツキは農業を資本主義の分析にとって本質的なものとは見做しておらず、主な分析の対象としてはいなかったからである。もっとも、農業においては完全競争的な価格調整が支配的であると認識していた点ではカレツキもカルドアも共通している。

　カルドアの農業観というのは、完全雇用、収益逓減、そして貯蓄から投資へという因果関係というふうに、古典派的な経済像を前提したものであった。カルドアと同じように農業部門を重視しつつ工業における通時的な収益逓増にも着目した古典派の理論家としては、リカードを挙げることができる。そこで最後に、カルドアの（農業を含めた）2部門成長理論を、地代を生まない土地での労働生産性が一般利潤率を決めるとしたリカードの理論と対比して、その異同について考えて

みることにしよう。ただ、リカードの分配理論をカルドアの2部門成長理論に当て得るかどうかということは我々は追究しない。なぜなら、カルドア（ならびにカレツキ）が分配率は安定的であると考えていたのに対してリカードは逆に可変的であると考えていたのであって、分配率という説明対象についての認識そのものが一致していないからである。

　リカードとカルドアとの類似性としてこれまであげてきたのは、農業と工業とでは収益法則が異なること——特に後者においては動的な収益逓増が働くこと——を意識しつつ理論を築いた点であったが、それ以外にも両者の認識には重要な共通点がある。工業での動的な収益逓増を見据えながらも、究極的には農業での収益逓減が経済全体の活動を鈍らせると考えていた点がそれである[21]。また、農業で技術進歩があると農産物が値下がりするというのも両者に共通した認識であった。

　このように、リカードとカルドアとはある程度似たような経済観を抱いていたと言うことができる。これは本人も認めていた点である（Kaldor 1996, p. 112）。ただそれは農業を軸にした場合の話であって、工業を軸にしてみた場合には両者の間にあるさまざまな違いが浮き上がってくる。たとえば技術革新をとってみても、それが農業でなく工業で起こった場合には、それぞれの体系において引き起こされる事態は異なったものとなるのである。すなわち、リカードにおいては同一製品を作るための投下労働が減って価格は下がるが、カルドアにおいては寡占が想定されているので製品の値下がりはなく、利益は企業（産業）内にとどまることになる。またカルドアにおいては工業での利潤は投資によって決まる一方、リカードにおいては賃金によって決まるとされていた。さらに、リカードもいちおうは工業における動的な収益逓増傾向に気づいていたわけであるが、同傾向に真剣に注目することでさまざまな政策を導いたカルドアに比するならば、その認識は薄いものであったように思われる。

　そして、農業も工業も含めた経済全体の活動を見た場合でも、両者

の考えはかなり異なっている。たとえば体系としての経済活動が順調に営まれるためのかなめは、カルドアにおいては（外的な）需要であったのに対しリカードにおいては高い利潤（低い賃金）であったわけであるし、農業・工業両部門間の調整機構をみても、カルドアにおいては交易条件を通じたうえでの成長率によるものであったのに対し、リカードにおいては資本移動を通じたうえでの利潤率によるものであったのである。

カルドアは、ケインズ派成長理論から離れて以降、自らの経済理論の統合にこだわらなくなった（Toner 1999, p.121）。それはカルドアの経済学観の表れであり、必ずしも咎められるべきことではない。しかし、かつて「分配の択一的な諸理論」で次のようにまで言っていたことを思い出すにつけ、新しい成長理論を論じる際にはそれに見合った分配理論の枠組みを示すことがあってもよかったのではないかと思われるのである。

「リカードが分配の問題に関心を持ったのは、分配的分け前という問題自体に興味があったから、あるいはそれだけに興味があったからではない。分配理論は経済体系――進歩率に影響を及ぼす諸力、課税の根本的な帰着、保護のききめなど――の全体的な仕組みを理解するための肯綮に当たる、と信じていたからである。」
(Kaldor 1955-56, p.84)

注
1) Kaldor（1996）の第2章を見よ。これはカルドアが1984年、すなわち死ぬ2年前にしゃべった内容であるが、そこではKaldor（1957b）と同じようなことが述べられている。しかし本論でも示してゆくように、彼のケインズ派成長理論は1960年代後半以降の成長理論とは別のものである。
2) Boyer and Petit（1991）およびToner（1999）を参照。
3) 但し後で述べるように、ケインズ派成長理論にも不完全競争の要素は加味されていた。したがって、F. タージェッティのようにカルドアのケインズ派

成長理論は完全競争のモデルであったとすることは正しいとはいえない。Targetti（1991），p. 411を参照。
4）「定型化された事実」とは次の六つである。
　　（a）（労働）生産性は一定の割合で持続的に成長している。
　　（b）資本装備率は持続的に増加している。
　　（c）（発展した資本主義社会では）資本利潤率は長期的に安定している。
　　（d）資本・産出比率は長期的に安定している。
　　（e）利潤分配率と投資・産出比率との間には高い相関関係がある。
　　（f）（労働）生産性成長率や総生産高成長率は社会によって（2〜5パーセントの範囲内で）異なっている。
5）ちなみに、一連のケインズ派成長理論とは少し異なった意図の下、証券市場を組み込んで築かれた「新パシネッティ定理」においては完全雇用という仮定はない。Kaldor（1966b）を参照。
6）これには、価格には大きく分けて需要で決まるものと費用で決まるものとがあるとしたカレツキの考え方があずかっているものと想像される。ただ、そうした区分を設けたカレツキ自身は農業については立ち入って論ずることはなかった。現代経済の変動を語るにあたって農業が大切だとは考えなかったからである。第4節で触れる、カルドアやリカードの農業観と比べてみよ。
7）Kaldor（1963b）、Kaldor（1964a）、Kaldor（1981）、Kaldor（1985）、Kaldor（1996）などを参照のこと。
8）カルドアはKaldor（1977）において、収益逓増を（比較静学的な）大規模生産の利益として規定している。しかし彼の新しい成長理論の全体像に照らすならば、この規定に大きな意味はないと見てよいものと思われる。
9）Kaldor（1970b）やKaldor（1981）などを参照。
10）カレツキの利潤理論と分配理論との統合についてはSawyer（1985）の第4章を参照。ちなみに、カレツキは外部市場を帝国主義的発想と結び付けて捉えていたが、カルドアの外的需要は必ずしもそういったものにはつながらない。
11）我々は、カルドアが辿り着いた新しい成長理論は現実経済の動きや政策を考える際に大へん重要なものであると考えている。したがって、ここでカルドアの理論とカレツキの理論との接合を試みるのもまた、カルドア的な経済像を踏まえた上で現実の分配の決まり方に何らかの見通しを与えられればという思いがあるからに他ならない。
12）この産業平均価格を現実に計算しようと思うと、当該産業の内と外とが截然と分けられている必要がある。しかしカレツキはこれをうまくやってのける

ことはできなかった。Kriesler（1987）を参照。この「産業」の扱いの難しさは、代表的企業から経済全体へというカレツキの集計法にもまた災いすることになる。

13) この分配率の安定性は、「定形化された事実」のうちの一つである。なおそのうちの別の一つに、資本・産出比率は長期的に安定しているというものがあったが、興味ぶかいことに、Kalecki（1965）の第1章の表1を見ると、1899年から1914年までの間にアメリカ製造業における資本・産出比率は1.3倍に上がっている。

14) Kalecki（1965）の第5章を参照。カレツキのミクロ理論とマクロ理論とのつながりについてはKriesler（1987）の第7章やRobinson（1969）などを参照。

15) 但し彼の分配理論では間接費用があまり意識されることはなかった。これは彼の理論が

$$p = v + qv$$

という形の価格決定論（p、v、qはそれぞれ価格、単位あたり可変費用、共通費と利潤と俸給とを得るためのマーク・アップ率）を出発点に据えていたからである。なおP. シロス－ラビーニは、直接費のうち原料費の変動は製品価格によく反映されるにもかかわらず労働費用の変動は部分的にしか反映されていないという実証分析をSylos-Labini（1979）において示した。彼によれば、その原因は製品の海外競争にあるということであった。

16) カレツキについてはKalecki（1971a），p.5を、カルドアについてはKaldor（1996），p.41を参照。またSraffa（1926）とカレツキ理論との類似性に関してはSardoni（1984）で論じられている。ちなみにA. S. アイクナーは、寡占を（企業の数や市場占拠率ではなく）企業どうしの同意の上での相互依存性と定めるならば価格先導者はいなくなり、それによって集中型寡占だけでなく製品差別型寡占をも含んだ理論がつくれるとEichner（1976）で指摘した。

17) この市場認識の二面性については、Toner（1999）の第6章で批判的に考察されている。

18) この点は菱山（1979）によって強調された。なお菱山（1979）では、大規模生産にまつわる内部経済・外部経済に注目したA. マーシャルをこうした立場の後継者としながらも、産業の拡張と無関係に出てくる技術進歩を考えに入れようとしなかった点でリカードとは大きく異なっていると指摘している。収益逓増とは「持続的に作用する技術進歩にかかわるもので、それは、スミスのいうように、ダイナミックな文脈のなかで一国全体の労働生産力の持続的な増進をもたらす」（153ページ）ものであるからである。

「……マーシャル（ないしピグー）は、所与の生産資源の各用途への最適配分の図式を意図しながら、収益逓増・逓減を静学的な需給均衡理論の枠組みのなかにはめこもうとしたことをも忘れてはならない。工業部面に作用するリカードの収益逓増傾向は、微視静態的ではなく、すぐれて巨視動態的な概念である。それは、細分化された個々の商品生産部門にかかわるのではなく、農業に対置された工業一般にかかわり、所与の資源の配分にかかわるものではなく、資本蓄積過程にかかわるからである。こういう意味で、それは巨視動態的な概念とみなされるのである。」(74ページ)

19) これは原材料への需要を増し、その市場が競争的であるために原材料費を膨らますことへとつながってゆく。

20) 但し、農業において家族経営が一般的な姿であると考えるならば、その農業での「階級間の」分配という概念は成り立たなくなる。

21) カレツキの場合、農業での収益逓減が格別の重みを持つことはなかった。経済には（農業とは逆に）収益逓増を示す産業があって農業の収益逓減と打ち消しあうと考えたからである。Kalecki（1939）の第1章を参照。

第4章　ミュルダールの累積過程論と金融政策

1　はじめに

　K. G. ミュルダールは循環的・累積的因果関係という考え方に基づいて、開発経済を中心とした数々の経済分析を行ってきた。たしかにN. カルドアはそういった考え方をうまく受け継ぎ、発展させてきた一人であるが、その鋭い着眼という光栄に浴するべきはやはりミュルダールということになろう。しかもG. M. ホジソンによれば、その考え方はミュルダールの著作のうちでもかなり初期の『貨幣的均衡論』(1931年) にまでさかのぼるという[1]。

　ミュルダールの『貨幣的均衡論』は、J. G. K. ヴィクセルの『利子と物価』(1898年) ——それは貨幣的経済理論[2]の革新をもたらしたと言われている——を内在的に批判するという形で投資決定論その他を繰り広げたものであった。この章では、そういったミュルダールの貨幣的経済理論について、特にその不均衡過程に焦点を定めて検討する。具体的にはまず、ミュルダールがどのように自らの理論を築いたのか振り返ることから始める。次いで、ミュルダールの「貨幣的均衡」という言葉を広い意味で用いることで経済の長期均衡を考えようとしたC. ロジャーズの所説を手掛かりに、ミュルダールの理論の特質を考える。貨幣的な問題が大きくなり、ヴィクセルの理論を当てはめることで現代の問題を考えるモデルも作られている中[3]、ヴィクセルをより研ぎ澄ましたミュルダールの理論も今一度見てみることが大事であると考える。なお、この章においてミュルダールの貨幣的経済理論と言う場合、もっぱら『貨幣的均衡論』の中身を指すものとする。

2 ミュルダールの貨幣的均衡論

　19世紀末大不況は物価が長期的に下がりつづけることがその特徴の一つであった。この状況でヴィクセルは純粋信用理論としての『利子と物価』を著した。彼はそこにおいて、物価が持続的に下がることの原因を、貸付利子が自然資本利子[4]を上回って投資が貯蓄よりも少ない状態にとどまっているというところに求めた。彼にとっては物価が安定していることこそが目指すべき状態であり、そのためには貸付利子が自然資本利子に等しくなって投資と貯蓄とが釣り合わなければならなかったのである。

　ヴィクセルの累積過程とは、次のような話である。出発点において両利率が等しかったとする。ここでもし自然資本利子が上がったとすると現存実物資本の資本価値が高まり、生産要素は消費財生産から資本財生産へと転換される。「こうやって引き起こされる生産の転換は、貨幣利子率と『自然率』とが一致していないことによって高められる資本価値という動因がある限りにおいて累積的過程を動かし続ける、必要欠くべからざる変化である」（Myrdal 1939, p. 26）。この過程の中で所得は上がり、消費財への需要が増す。ところが一方で生産要素は資本財生産へと回されつつあるので消費財の生産量は減ることになる。このため消費財の価格は上がり、それがまた資本価値を高め、いっそう生産の転換が進むことになる。「当理論においては、それらの間に存する一定の因果関係に加えて、それらの動きにおける連鎖の定まった順序までも含まれている」（Myrdal 1939, p.27）。自然資本利子が貸付利子を上回っている限り、この累積過程は止まり得ない。[5]

　ミュルダールは『貨幣的均衡論』の中でこうしたヴィクセルの理論を解剖し、ヴィクセルにおいては貸付利子と自然資本利子との均等、貯蓄と投資との均等、物価の安定という三つが一体不可分のものとして扱われているがそれは正しくないと喝破した。そして貯蓄と投資との事前の均等を貨幣的均衡と名付け、ヴィクセルとは違ってどこまで

も統計的に計りうる変数を用いて貨幣的経済理論を立て直そうとした。ミュルダールのこの本はそうした意味でどこまでも理論の書である[6]。

　事前には釣り合っていない投資と貯蓄とが会計的に必ず等しくなるのはなぜか。ミュルダールはここに予想、そしてそれに基づく利潤・損失の果たす役割を見る[7]。彼によると、純収益すなわち所得とは経営者が事前に予想している主観的なものを指し、予想が変わればそれに応じて純収益も変わることになっている[8]。彼においては貨幣的均衡の条件式は

$$R = S + D$$

という形で示される。ここでRは粗実物投資、Sは貯蓄、Dは予期された価値減少である。

　では、投資はどのようにして決まるのか。ここで、現存設備の再生産費r_1（期首における予想純収益を実物資本の収益率で割ったもの）と資本価値c_1（期首における予想純収益を利子率で割ったもの）との差である、予期された余剰利潤qが登場する[9]。この各企業に関するqを、投資反応係数（新投資とqとの比）で加重して足し合わせたものがQである。

$$Q = \Sigma_w (c_1 - r_1)$$

　$Q=0$という式は、ヴィクセルが自然資本利子と貸付利子との均等として念頭に置いていたものに当たる。しかしミュルダールにとって、これは貨幣的均衡の条件ではなかった。たとえばなんらかの理由で消費が減って貯蓄が増えた場合、投資・貯蓄の事前の均等は破られて経済は「消費需要減→消費財価格下落→資本価値下落→投資減→所得減→消費需要減」といった不均衡過程に入ることになるが、少なくとも当期の頭においては$Q=0$であり投資に変化はないのである[10]。ミュルダールにとってこのQは、経済全体が貨幣的均衡にあるか否か、つま

り「二つめの均衡方式〔貯蓄と投資との釣り合い〕による均衡をもたらすに足るだけの投資を刺激するような利ざや」(Myrdal 1939, p.84) が存在しているかどうかを見るための目安ではあったが、投資を決めるものではなかった。彼は一企業の投資関数r_2をまず定め、そこから経済全体の投資関数R_2を導いたのである（肩付き数字は便宜的に付した企業の番号[12])。

$$R_2 = F(q^1, q^2, q^3, \cdots) = \Sigma r_2 = \Sigma f(q)$$

貨幣的均衡が破られた場合に起こってくる不均衡累積過程に関しては、三つの例があげられている。どの例にしても不均衡累積過程そのものの中身に違いはないので、そのうちの一つ、企業家の主観的な予想が上向く場合についてのみ述べることにしよう。企業家の予想が上向けば資本価値はあがり（再生産費は一定）、それによって投資が増す。他方、価値減少が小さくなった分だけ所得は増し、(消費を一定とするならば) 同じ額だけ貯蓄が増えることになる。つまり

$$\Delta R > \Delta S + \Delta D = 0$$

となり、経済は次のような不均衡累積過程へと突入する[13]。

「生産財の需要が増し、それらが値上がりし、その結果として、新たな所得からの消費財需要が増えることになる。そして、――使われていない生産要素はもはやないということになると――その後には消費財の生産および供給が減るということも起こる。ついにはそれらの価格水準はあがり、資本価値はなお急騰することになるであろう。」(Myrdal 1939, p.103)

なお、Qの式におけるr_1のほうはそれほど動かないものの、c_1のほ

うは価格に対する予想や割引率が変わるにつれて変動する。ここから、貨幣的均衡を目指した場合、新投資の資本価値がその生産費に順応するよう割引歩合を操作するという政策手段が出てくることになる。

　ミュルダールは貯蓄と投資とが期首において等しいことを貨幣的均衡と定めた。つまり、貨幣的均衡下でどれほど物価が変動したとしても、価格ベクトルが比例的に動くだけであれば投資も貯蓄も同じ割合で変わるだけで、けっしてヴィクセル的不均衡累積過程に入ることはない。ところが実際の価格は（ヴィクセルが想定したように）一律に伸縮的であるわけではなく、独占、契約、慣習などによってある水準に固定されているものがある[14]。そうした「硬直価格は価格体系を抑える力として振る舞うであろう。ゆえに、均衡関係を保つことを目指した金融政策は、伸縮的価格を硬直価格の絶対水準に適合させねばならない」(Myrdal 1939, pp. 134-135)。これは言い換えれば、「いくつかの価格に粘り気があることによって、貨幣的均衡で認められる物価水準の動きには限界が設けられる」(Myrdal 1939, p. 136) ということである。
「価格の硬直性を介して社会生活の現実に向き合ってこそ、貨幣理論の将来における完成は望みうる」(Myrdal 1939, p. 137) と考えていたミュルダールはそこで、経済が貨幣的均衡にあるかどうかを見るための指数を作ることを唱える。それに際しては、価格によって反応の速さが異なること、また、価格によって余剰利潤に及ぼす影響の大きさが異なって貯蓄・投資の釣り合い（貨幣的均衡）の乱される程度も異なってくることを考え、それぞれの影響に応じて重みがつけられることになる。ヴィクセルは一般物価水準の安定を（ここでいう貨幣的均衡として）高く掲げたのであったが、ミュルダールはそれに代わるものとして加重された価格体系を示したのである。言い換えれば、伸縮的な価格はミュルダールのいう貨幣的均衡の内部でいくらでも変動しうるし、それに引きずられる形で一般物価水準もそれなりに変動しうるのである。ヴィクセルが第一の主題としたはずの物価の安定は、それを論ずるために用いた理論がミュルダールによって磨き上げられる中で、

どこにも居場所を見いだせなくなってしまったのであった。

このように、ミュルダールの均衡（貨幣的均衡）というのは貨幣政策の目標としての地位を与えられたものであった。誤解のないように付け加えると、これは、彼が貨幣的均衡を目指すべき経済状態としてとらえていたという意味ではない。単に、貨幣政策によって成し遂げられるものがあるとすればそれは貨幣的均衡（だけ）である、という意味にすぎない。経済はこの均衡から外れがちであるので、もし貨幣的均衡を望ましいと思うならば政策的に信用条件を操って予想される余剰利潤をつねに動かし、投資関数を通じて投資と貯蓄とを近い値にしなければならないことになる。

但しミュルダールの貨幣的均衡というのは相当に幅のある経済状態——信用圧力、生産量、雇用量、社会政策などについて——を含んでいる。ある利子率が変わってもそれ以外の利子率を操ることによって経済を貨幣的均衡に保つことができるし、消費慣習がかなり固定的であれば、利子率を上げても企業の予想収益がほとんど下がらず、始まるべきヴィクセル的下降過程をはばむことができるのである。また、労働供給が独占的であってしかも諸価格が固定的賃金に速やかに順応するなら、経済は貨幣的均衡（貯蓄と投資との釣り合い）を保ったまま延々と物価上昇の道を走ることもあり得るのである。[15] それに、貯蓄と投資との釣り合いを目指すために $\Sigma w r_1$ の変化に応じて $\Sigma w c_1$ を動かし続けるなら、信用条件が不安定になってしまう。「たとえ景気の安定が万人に共通した目的であるというふうに考えるとしても、それをねらった通貨政策の方法や中身に関する利害は、社会集団の違いによってこのようにまったく異なってくるのである」(Myrdal 1939, p.185)。[16]
『一般理論』の5年前に築かれたこの理論はG. L. S. シャックルによって、「もし『一般理論』が書かれていなかったとしたら、ミュルダールの仕事は結局ほとんど同じ理論を与えていたことだろう」(Shackle 1967, p.124) とまで評された。[17] たしかにミュルダールの理論はケインズとくらべると、過少雇用均衡を見ていない、生産量・利率

決定の理論がない、といった不備がある。しかし「すべての貨幣的問題は予想という要因にかかっている」(Myrdal 1939, p.34) と考えたミュルダールの、不確実性に基づく投資決定論は、ケインズの過少雇用均衡のみならずヴィクセルの完全雇用均衡にも当てはめうるものである上に、事前・事後をはじめて区別した点においてミュルダールはケインズよりすぐれていたのである。

以上の議論が繰り広げられた本の名が『貨幣的均衡論』であったことから、我々はともすればミュルダールがいわゆる均衡分析を行ったものと取り違えがちである。しかし、「貨幣的均衡という状況によって固定されるのはある特定の価格関係だけであり、……それ以外のものはどう変わってもいい」(Myrdal 1939, p.36) と言っていたことからも推し量れるように、彼の理論は一般均衡のたぐいとはまったく違ったものであった。

「貨幣的均衡というのは……一般価格理論における均衡のように安定したものではなく本質的に不安定なものであって、ゆえに貨幣的均衡という状態は一つの傾向などではまったくなく、正にそのさかさまなのである。」(Myrdal 1939, p.36)

3 ミュルダール理論の特質

ヴィクセル、ミュルダールら北欧学派の理論は不均衡に関するものでありケインズの理論とは大きく異なっているということは、学派の一員であるE. F. ルンドベルヒなどによっても言われていることである。たしかにケインズ『一般理論』は短期の均衡理論である[19]。しかしそのケインズ理論を用いて長期均衡を扱おうとする立場もある。

ロジャーズはJ. A. シュンペーターに従って、経済の長期均衡を決める要因をどこに見いだすかという観点から、経済理論を実物分析と貨幣分析とに分けた。実物分析では経済の長期均衡点は実物要因に基

づき客観的に決まるのに対して、貨幣分析ではそれは必ずしも客観的には決まらないという具合に、両者の間には大きな違いがある。ロジャーズは「貨幣的均衡」という術語を（ミュルダールとは違って）貨幣利子率と自然利子率（もしくは資本の限界効率[20]）とが等しい状態を指すものと定めた上で、次のような議論を繰り広げた。

「貨幣的均衡をはっきり定める外生変数として扱われる利子率とともに、投資率はそこで、ケインズが有効需要の点と呼んだものを決める。さらに言えば、貨幣利子率が外生変数として、投資率と、完全雇用を生む有効需要の点とをもたらすちょうどその高さにまで独りで順応し得る仕組みはない。通貨政策によって決まる貨幣利子率は、ほとんどどんな高さの産出・雇用における均衡をもはっきり定める有効需要の点を決めることができる。あまつさえ、経済はそのとき、古典派の停止状態の意味での長期均衡にある。企業家に生産や雇用を広げる気はまったくないからである。すなわち、有効需要の点によって決まる産出の高さにおいて、あらゆる種類の現在の富を将来の富に変えることによる収益率は等しくなっている——言い替えれば、企業家は正常利潤を稼いでいる——のである。」(Rogers 1989, p.13)

さらに彼は、ケインズは利子率が伸縮的に動くのでなく慣習的なものとして外から与えられることによって投資が落ち着き、ひいては経済も落ち着くということを重く見ていたとして、理論によって説明することのできない慣行的利子率こそが自身の言う「貨幣的均衡」を決めるということを強調している。彼はこうした立場から、市場期間、短期、長期というA.マーシャルの分析道具を資本財の市場に援用することにより、ケインズの有効需要の理論を築きなおすことに取り組んでいる。

こうした流れの中でロジャーズは、ヴィクセルを実物分析に、ミュ

ルダールを貨幣分析に、それぞれ区分けした。この節では、利子率に対する見方、相対価格の理論と絶対価格の理論との二分法、重力の中心のように長期均衡を決めている力、といった三つの点から、ヴィクセルとは違ってミュルダールだけが貨幣分析に分けられた理由について考える。[21]

（1） 利子率に対する見方

まずは利子率に対する見方について。ロジャーズは、実物分析と貨幣分析とを分ける見地として、上に述べたような長期均衡を決める力以外に、貨幣としてどういったものを考えているかが大事であるとした。すなわち、実物分析では商品貨幣を、貨幣分析では信用貨幣をそれぞれ想定しており、後者に立つ場合、（貨幣の大部分を占める）預金通貨は外から与えられた利子率に応じて変わるため、貨幣数量説は成り立たなくなるというわけである。

この考えによれば、ヴィクセルにせよミュルダールにせよ貨幣分析に入ることになりそうである。というのも、ヴィクセルが分析しようとしたのは組織された信用経済であり、ミュルダールもまたそれに則って考察を進めたからである。ヴィクセルは次のように言っている。

「……〔銀行は、〕あらゆる時点ですべての預金が満期であっても、その支払い能力に係わりなく、すぐに定まる範囲内で、思うままのあらゆる貨幣額を思うままのあらゆる長い間、思うままのあらゆる低い利子率で貸すことができる。それによってさらに、——我々の理論にほかにしっかりしたところがあるならば——商品の価格の全体的な水準を思うままのあらゆる高さに持っていくこともできるのである。……

他方で、思うままの長い期間、利子率を標準より上に保つのもまたその力の内においてであり、銀行はこの点で、ある範囲内において、物価にいつでも繰り返し圧力を及ぼすことができる。」

(Wicksell 1898, S.102)

　このように、固定価格とも言うべき利子率を強力な銀行組織が決めてかつそれを保つことができるというヴィクセルの利子率観は、ロジャーズのそれとほとんど違わない。つまり、ヴィクセルが実物分析に入れられ、ミュルダールが貨幣分析に入れられているわけは、別にあることになる。

（2）　相対価格の理論と絶対価格の理論との二分法

　では次に、相対価格の理論と絶対価格の理論との二分法という点から見てみよう。ミュルダールは、次にひくように、単に貨幣数量説を認めないだけでなく、貨幣数量説と相対価格の理論との併存をも退けた。

> 「……信用の問題は価格形成の理論から除かれなければならず、もっぱら貨幣理論にゆだねられた。だが貨幣理論（数量説）にすら、信用を申し分なく論議する余地はちっともなかった。なぜなら、信用というのは物価水準だけでなく価格関係——これらはある程度は実業の収益性、すなわち信用の供給・需要価格によって決まる——のもととなる要因でもあるからである。したがって信用の問題は主な経済理論と本当に合わさった貨幣理論を必要としているわけであるが、貨幣数量説はこうした理論ではなかった。伝統的な経済理論は結果的に信用には劣った役目しかないものとし、理論的に矛盾した扱い方をしてきたのである。」(Myrdal 1939, p.16)

　ではミュルダールの先達、ヴィクセルはどうであったかというと、彼の場合、物価水準を決める理論については自分で築こうとした反面、相対価格はそうした理論の外側で交換理論によって決まるものとしていた。物価水準は相対価格に影響せず、他方で後者は前者に（自然利

子率を通して）間接的にのみ影響するということになっていた[22]。こうしたこともあって、貨幣数量説を捨てたというよりも作りなおしたにすぎないというふうに捉えられることもある[23]。しかしそうであるにしても、J. マルシャルおよびJ. ルカイヨンの言うように、それは伝統的な貨幣数量説とはまったく異なるものであった。

「……かくて、ヴィクセルは数量説の擁護者として現われるが、強調しておかねばならないのは、問題は、根本的に修正された数量説にかかわっているということ、である。物価の上昇をひきおこしているのは、もはや、流通の必要をこえた余分の金数量がある国に現存するということではなく、金の現存する数量のいかなる変化にも先立って、財の供給と需要との間に不均衡があるということ、である。そして、金の到着は、たんに、すでに始まっている上昇をあとから確実なものにし、〔物価の〕下落をさまたげるようにするにすぎない。それは、セー法則と二分法的接近法を放棄したうえで、この接近法を動学的、かつ貨幣的な接近法によって代替したことの結果なのである。」（マルシャル／ルカイヨン 1978、19-20ページ）

この章の劈頭でも触れたように、ヴィクセルは、セーの法則を乗り越えて需要と供給との不釣り合いから物価の動きを説明しようとした、貨幣的経済理論の革新者である。利子率が（消費）需要を動かし、それがマクロの需給関係を揺さぶることで物価を動かすという継起的な関係を経済理論に入れた功績は、たとえそれが不十分な点を含んでいたとしても、ヴィクセルのものと考えるべきであろう。それなのに、ロジャーズはヴィクセルを貨幣分析には入れていない。このように、どうしてミュルダールが貨幣分析に分けられてヴィクセルが実物分析に分けられるのかについては、二分法という観点からいくらか理解できるとはいえ、必ずしもはっきりしない。そこで出てくるのが三つめ

の視点、すなわち、重力の中心のように長期均衡を決めている力である。

(3) 重力の中心のように長期均衡を決めている力

　先に見たとおり、ロジャーズは、貨幣利子率に資本の限界効率が一致する点（彼の言うところの「貨幣的均衡」）において古典派の意味の斉一利潤率が実現すると述べている。たしかにD. リカードなど古典派の均衡においては、産業間資本移動という競争により利潤率がどの産業でも等しくなることになっていた。しかしながら、古典派における「利子率は、銀行などの貸付資金の多寡とは独立に、もっぱら実物資本の生産的使用から生じる利潤率によって規定されるものであり」（菱山 1993、126ページ）、外から与えられる利子率の高さに利潤率のほうが順応するというロジャーズの議論と比べてみると、重力の中心とそれに適応するものとの係わりが逆になっている。我々が注目しなければならないのは正にこの点である。

　ヴィクセルは、貨幣利子率は強力な銀行組織によって決められると考えた。また、貨幣利子率が（消費）需要を通して物価の動きを左右するという論理を築くことで二分法を乗り越えようともした。しかし、不均衡累積過程の元となる貨幣利子率と自然利子率との間の開きというのは、銀行が遅れ遅れにしか前者を後者に近付けられないために起きる現象にすぎず、貨幣利子率が重力の中心である自然利子率に引き寄せられていることに違いはないと彼は考えていたのである。

　「……銀行利子、あるいは一般に貨幣利子は、結局どこまでも自然資本利子の水準に付いていくことになると——いやむしろ、その間に自然利子率に新たな変化が起こっているであろうから、自然利子率自体に付いていく傾向をいつもそなえているというふうに——はっきりと期待できよう。」(Wicksell 1898, S. 108)

ここから分かるのは、ヴィクセルにとって、貨幣利子率は長期均衡点に何の影響も及ぼさないものであったということである。長期均衡が結局は重力の中心としての自然利子率によって決まってしまうというのはリカードと同じ話であり、これをもってロジャーズはヴィクセルを（貨幣分析でなく）実物分析に分けたのである。実際、ロジャーズはヴィクセルに関して次のように言っている。

「こうして自然利子率は貨幣もしくは信用の存在と無関係に定義され、市場もしくは貨幣利子率が自然率と離れた場合には、それがいかにして起こったのであれ、貨幣率が自然率――それは体系における重力の中心として振る舞う――に順応することによって解決される。」(Rogers 1989, p.27)

ではミュルダールはどうであったか。ミュルダールにおいても、利子率が実物資本の収益率から離れていれば離れているほど不均衡過程が甚だしくなるという論理自体に違いはない[24]。問題としなければならないのは、利子率と実物資本の収益率との間に開きがあった場合、その開きはおのずから縮まる傾向があるか否かである。経済を貨幣的均衡に近づけようと思えば割引歩合を操って資本価値が現存設備の再生産費の動きに従うようにしなければならないというミュルダールの考えを見ると、彼もヴィクセルと同じく自然利子率（実物資本の収益率）を重力の中心と認識していたようにも取れる。

しかしここで気を付けなければならないことがある。それは、ミュルダールに関する限り、実物資本の収益率（自然利子率）を重力の中心ととらえるような考えは見当たらないということである。もちろんヴィクセルにおいても、貨幣利子率と自然利子率との間に開きがあった場合、それを埋める内在的な傾向がないばかりに両者の差はいつまでも開いたままであることになっている。そもそもそれこそが不均衡累積過程が起こる根本的な原因であった[25]。だが先ほど引用で見たように、

ヴィクセルは、貨幣利子率は重力の中心としての自然利子率にたえず引き寄せられているという考えをつよく抱いていたのであった。これに対してミュルダールは、こうした重力の中心という役目を実物資本の収益率にべつに授けてはいなかったのである。

　そもそも彼にとっての（貨幣的）均衡の定義とは、期首において、総投資が貯蓄と予期された価値減少との和に等しいというものであった。そしてこの投資は、予期された余剰利潤に基づいてなされるものとされていた。つまりミュルダールの貨幣的均衡には、明らかに企業家の予想という形での主観があずかっているのである。これは均衡が客観的な実物要因だけからは決まらないという意味で、ロジャーズのとなえる「貨幣的均衡」——そこでは重力の中心としての利子率が、慣習によって定まる外生変数として入っていた——と通ずるところがあると言えよう。ロジャーズはこうした点にまで立ち入ってはいない。しかし、彼の区分けでヴィクセルが実物分析に、ミュルダールが貨幣分析に入る理由はここにもあると考えられるのである。

　それにしても、ヴィクセル、ミュルダール、そして『一般理論』のケインズがいずれも利子率が慣習的に外から決められるとしていたにもかかわらず、重力の中心がみな違っていたのは興味ぶかい。すなわち、ヴィクセルにおいては自然利子率が、ケインズにおいては貨幣利子率が重力の中心であり、ミュルダールに至っては、経済がたえず引き寄せられる重力の中心は存在しなかったのである[26]。

4　結　び

　ここまで我々は、ロジャーズがなぜヴィクセルを実物分析に、ミュルダールを貨幣分析に区分けしたのかを手掛かりに、ミュルダールの貨幣的経済理論の特質について考えてきた。それを繰り返せば、（1）慣行的利子率が銀行の力によって外から与えられるという点では両者に違いはないものの、（2）二分法に対する認識においては、ヴィク

セルは貨幣数量説を乗り越えて需要と供給との不釣り合いから物価の動きを説明しようとしたにもかかわらずそれが行き届いていない、という点で後進のミュルダールと違っており、(3) 均衡の決まるときに働く力に関しては、ヴィクセルは実物要因のみから客観的に与えられる自然利子率がそれであると考えていたのに対し、ミュルダールは人の主観が絡んでくると考えていたのであった。

　実はミュルダールの理論において、慣習的に外から与えられる重要な要素は利子率だけではない。前々節で述べた貨幣賃金などの硬直的価格もまた、理論の内側では説明できない性質のものである。それは、固定性の大きな価格が動くことは企業家の予想利潤に大きな影響を及ぼし、投資活動を大きく左右することになる、という意味で重要なのであった。このことは逆に言えば、固定的である価格は伸縮的である価格にくらべて貨幣的均衡の維持に大きくあずかっている、ということでもある。彼によれば、仮に伸縮的価格が硬直的価格の動きにぴったり添っていれば、貨幣的均衡（貯蓄と投資との均等）は保たれるということであった。慣習的に外から与えられるこの硬直的価格はしかし、ミュルダールの理論における重力の中心ではない。何となれば、諸価格が硬直的価格の絶対水準に順応する傾向など彼は請け合っていないからである。かるはずみに均衡分析に寄り掛からなかったミュルダールの注意ぶかさは筋金入りだったようである。

注
1) Hodgson (1989) の80ページを参照。
2) 貨幣的経済理論とは、絶対価格を貨幣数量説によって説明する傍ら相対価格を交換理論によって説明しようとする考えを退け、経済における貨幣の役割を重く見、それが実物経済部門にいかなる影響を及ぼすかを探究する経済理論を指す。ヴィクセルによって切り開かれ、その後、D. ダビッドソン、E. R. リンダール、ミュルダール、B. G. オーリンといった北欧学派やF. A. ハイエク、J. M. ケインズなどによって繰り広げられていった。
3) 岩田 (2002) を参照。

4）ヴィクセルは自然資本利子について次のように説明している。
「自然資本利子はもちろん固定した不変の大きさにあるのではない。……一般的に言って、その大きさを決めているもとは、生産量の多さ、現存する固定・流動資本の量、求職数、地力の供給など、つまりあらゆる状況──それらは全体として当の国民経済におけるその都度の経済状態を決めつつも絶えずこの経済状態とともに変化する──によって左右される。」(Wicksell 1898, SS. 97-98)

5）ヴィクセルにおいては、貸付利子が低まると収益のうちの一部が賃金や地代に回って、そこから消費需要が増え、それが消費財の供給減と相まって消費財価格を上げ、それによって投資が増えるという筋道も述べられている。Wicksell（1898）の第9章を参照。

6）ミュルダールはヴィクセルとは違い、生産量の変化や失業を理論に盛り込んでいる。但し、具体的にどうやって生産量が決まるのかは論じていない。

7）彼は利潤（または損失）を3種類に分ける。一つめは期末までの間に予想が変わったことから出てくるもの、二つめは事後に実現した利潤が予想と違っていたことから出てくるもの、三つめは新しく作られた設備の資本価値が予想生産費と違っていたことから出てくるものである。これらのうち、事前において必ずしも一致しない貯蓄と投資とが会計的に等しくなることに与かっているのは後の二つである。

　ちなみにケインズの『雇用・利子および貨幣の一般理論』（1936年、以下では『一般理論』と記す）で貯蓄と投資とが会計的に等しくなるのは、投資の動くことによって所得も同じ向きに動き、それに応じて貯蓄もまた同じ向きに動くことによるのであった。

8）ミュルダールの理論で「所得」と言うとき、それは企業経営による純収益を指している。

9）もちろん本来ならqは、新しい投資に関して予期された生産費r_2と新しい投資に関して予期された資本価値c_2との差でなければならない。しかし、なるべく実際に手に入りそうな変数をよって理論を築きたいというミュルダールの志向に基づき、r_2の代わりにr_1が、c_2の代わりにc_1が、それぞれ使われている。

10）但し、ミュルダール自身が言っているように、この下降過程はビルト・イン・スタビライザーの働きによって緩められることになる。たとえ所得が減っても消費があまり減らなければ、不均衡過程中で消費財価格以下が受ける影響も少なくなるからである。それを突き詰めて、所得が減っても消費がまった・く減らないところまでいけば、その経済は貨幣的均衡下に入ることになる。

第4章　ミュルダールの累積過程論と金融政策

なおミュルダールはヴィクセルと同じく信用経済を考えていたので、貯蓄が増えたからといってそれによって利率が下がって不況がましになるというふうにはけっして考えなかった。

11) このように、ミュルダールにおいて「貨幣的均衡」という言葉は利子率と実物資本の収益率との均等を指すものとしては用いられて$\overset{\cdot\cdot\cdot}{い}\overset{\cdot}{な}\overset{\cdot}{い}$。しかし後で見るように、ロジャーズは同じ言葉をまさにこの意味で用いている。また、明石（1988）の第5章では、ミュルダールにおける投資決定の条件は利子率と新投資の収益率とが等しくなること、すなわちqが零になることであるとされている。

12) 平井（1990）、平井（1991）、平井（1995）では投資関数は
$R_2 = F(Q)$
と表されている。しかしこれでは、余剰利潤を投資反応係数で重みづけしたマクロの値に対して投資が決まることになる。ミュルダールがQすなわち$\Sigma_w(c-r)$を用いるのはもっぱら貯蓄と投資とのマクロでの釣り合いを論ずるときだけであることに我々は注意しなければならない。

13) ミュルダールがあげているあと二つの例とは、利子率が下がる場合と貯蓄が増える場合とである。前者は企業家の予想が上向いたときと同じ累積過程を引き起こす。後者においては、それとは反対の累積過程が起きる。

14) その代表的なものが貨幣賃金である。

15) もし価格が速やかに動かないとすれば、企業の予想収益が下がって投資が減り、下降過程が始まることになる。

16) 物価というのを上で触れたミュルダール独自の指数と解するなら、それを落ち着かせることが同時に景気循環をならすことにもなる。

17) もちろん、ケインズにまさるとも劣らない仕事をしたとされる人物はミュルダール以外にもいる。1933年にM.カレツキが乗数、投資による所得決定論を唱えたことはよく知られている。

18) Lundberg（1996）の第2章、特に28ページを参照。

19) 『一般理論』第18章の最初の部分で彼は言っている。
「与えられたと見なすのは、のちに示す変数以外の諸力を含めた社会構造に加えて、いま利用できる労働の技能および量、いま利用できる設備の質および量、現存する技術、競争の度合い、消費者の好みおよび癖、各労働集約度ごとの負効用、監督・組織活動の負効用であり、これらによって国民所得の分配は決まる。これは、いま述べた諸要因が不変であると決めてかかるという意味ではなくて、単に、今の環境・脈絡において、それらが変化することによる影響や帰結を考えも評価もしないという意味にすぎない。」（Keynes

1936, p. 245)
20) 以後、自然利子率、利潤率、実物資本の収益率、資本の限界効率という術語を、特に問題のない限り、基本的に同じ意味で用いることにする。なお、ケインズによる資本の限界効率の説明は以下のとおりである。
「我々はめいめいの型の資本について、その限界効率が与えられた数にまで下がるためには当期間のうちにどれぐらいの投資が増えねばならないかを示すことによって、一つの表を築くことができる。次に我々は、総投資率と、その投資率によって打ち立てられることになる対応する限界効率一般とをつなぐ一つの表を差し出すために、あらゆる異なった型の資本についてこれらの諸表を集めることができる。これを投資需要表、もしくは代わりに資本の限界効率表と呼ぶことにする。」(Keynes 1936, p. 136)
21) この節で行いたいのはあくまで、ミュルダールとヴィクセルとの対比である。ケインズについては、ロジャーズの胸を借りている関係上、参考程度に引き合いに出すにすぎない。新たな節を設けてミュルダールとケインズとを本格的にくらべるというのは、意義はあるとしても、この章の目的からはみ出る作業であると考える。
22) 平井（1990）を参照。
23) 岡田（1994）を参照。ちなみに平井俊顕は、ヴィクセルの立場を「準二分法」と呼んでいる。
24) とはいえ、ミュルダールにおいて不均衡過程の向きを分けるのは $\Sigma_w\,(c-r)$ がちょうど零になるときではなかったことに注意しなければならない。
25) これとは違い、ケインズ『一般理論』においては、資本の限界効率は投資量が増えるに従って下がってくることになっている。投資が増えると企業家の予想収益が下がり、資本の供給価格が上がるからである。こうして、利子率が資本の限界効率よりも低かったとしてもやがてそれらは等しくなるわけである。なお、投資が増えたときに予想収益が下がるのは、競争的条件下で生産性が上がることによって価格が下がるという予想が生まれるからであるという説明がある。

カレツキは、『一般理論』が出るや否や資本の限界効率に関する批評を繰り広げ、早くも明くる年には、投資決定についての名高い「危険逓増の原理」を掲げるに至った。鍋島（2001）の第7章を参照。
26) 前節の最後に引いたミュルダールの言葉がそのことをよく示している。

第5章 ミュルダールの累積過程論と国際経済政策

1 はじめに

　K. G. ミュルダールがMyrdal (1956)、Myrdal (1957)、Myrdal (1960) を書いてからだいたい半世紀が過ぎた。それらは、彼がそれらの後に書いたものよりもしきりに循環的・累積的因果関係の概念を用いつつ、低開発国や福祉国家を含んだ国際経済の問題に全力で取り組んだ最初のものであった。[1] ミュルダールがそうした問題を扱うために循環的・累積的因果関係の概念を用いたことは藤田 (2005a)、藤田 (2005b)、藤田 (2007) によって明らかにされているが、前二者はおもに福祉国家論の観点からであった。最後のものは低開発国論を扱いながらも福祉国家論（を含んだ国際経済論）にまで話が及んでいて有益であるけれども、全体としては低開発国論の再評価がそのねらいとなっている。ミュルダールについてはほかにも上村 (1997)、楠本 (1978)、山岡 (1976)、Angresano (1997)、Appelqvist and Andersson (2005)、Ho (2004)、Toner (1999) のような興味ぶかい研究もあるものの、そのいずれもが、彼の国際経済関係論の今日的観点からの再評価やミュルダールの貨幣理論（ヴィクセル的累積過程）と彼の国際経済の分析とのかかわりについて、はっきりと扱っていない。例外的にHodgson (1989) の脚注において後者がわずかに触れられているのみである。この章において我々は、ミュルダールの理念はむしろ国際経済関係の観点から光を投げかけられるべきであるという考えを出し、国際経済関係をめぐる彼の主張は金融経済の理論において彼がはやばやと成し遂げたもの——それはMyrdal (1939) として落ち着いた——としっかりつながっていることを明らかにし、彼の国際経済関係論を宮崎義一

111

——宮崎は1980年代からその死（1998年）にかけて、Myrdal (1960) を何度も引きながら、「トランスナショナル・シビル・ソサイェティ」をつよく唱えた——のものとくらべる。

次の節では、循環的・累積的因果関係の概念とのかかわりを考えに入れつつ、国際経済関係についてミュルダールの唱えていたことを整理する。第3節ではそうした主張と彼の貨幣理論とのかかわりを取り上げる。第4節では、国際経済関係をめぐるミュルダールの理念と宮崎の理念との違いについて調べ、ミュルダールの見解が適切なものであるかどうか考える。

2 ミュルダールの国際経済関係論

ミュルダールは世界をざっと3種類に分けた。低開発国、福祉国家、ソビエト圏である。そして彼はもっぱら前二者間での（経済）関係を分析した。

ミュルダールが「福祉国家」と呼ぶのは先進産業国に当たる。彼が先進国を「福祉国家」と呼んだのは、それが国民の生活や福祉を守ってきたからではなく、経済計画に携わってきたからであった。彼によると、経済発展が進んでゆく中で、どの先進国もはっきりした原理なしに個々の具体的な場面における経済活動に口出ししてきた。[2]

「国家干渉や半公共的な規制の新しいやり方が取り入れられるときはいつでも、よしそのねらいがまったく違ったものであったとしても、平等化のてだてとしても利用される傾向があるだろう。そういうわけで、それら新しいやり方がそのように用いられうることが、国家干渉は低所得層のためであると見られ、概して実際にそうであること、また、真の再分配的改革の範囲外だとしても機会の平等に向けた大運動が国家干渉への圧力もしくは鼓舞になることの、大体の理由なのである。」(Myrdal 1960, p. 28)

第 5 章　ミュルダールの累積過程論と国際経済政策

「いかなる国においても、〔福祉国家は〕もともとあらかじめ計画されていたのではない——間違いなく、今の堂々とした諸分枝と個々の市民にとっての重要性とを備えた機構としては。」(Myrdal 1960, p. 45)

　ミュルダールが福祉国家と見なしていたのは、そのころの北西および西中ヨーロッパに加え、アメリカ合衆国、カナダ、オーストラリア、ニュージーランドにおける国々であった。低開発国は、そのころのアフリカ、中近東、ラテン・アメリカにおけるたいていの非ソビエト諸国であった[3]。
　福祉国家においては経済統合、つまり機会の平等は、政治的民主主義により成し遂げられている[4]。この経済統合は根本的に民族主義的であるので、ミュルダールはこれを国民的統合と名付けた。この国民的統合（機会の平等）——これが彼の福祉国家論のかぎである——は経済進歩を前提とするが、一方で後者は前者を前提とする。言い換えれば、ミュルダールの考えでは、国民的統合と経済進歩との間には、一方の要因が望ましい——ある観点から見て——向きへ移ろうことで他方の要因の同じ向きへの移ろいが引き起こされ、それによってなお大きな移ろいがはじめの要因にもたらされるというかかわりがあるということである（上述における「望ましい」は「望ましくない」に置き換えてもよい）。彼はこのようなかかわりのことを「循環的・累積的因果関係の原理」と呼び、アメリカ合衆国における人種的分離から国際経済関係にまでわたる社会問題の分析のために用いた。彼による説明は以下の通りである。

「分析の理論的構造は、普遍的ではないにしても広い妥当性を持つとわたしが信ずる累積的因果関係の社会的な機構になるだろう。それはたびたび一般に『悪循環』と呼ばれているけれども、下向き

113

にも上向きにも動くことを覚えておくべきであろう。基となる事実は、一つの社会体系内のすべての要因の間に次のような相互依存があることである。すなわち、どれか一つの要因に何か変化が起きれば残りの要因に変化がもたらされ、これらの派生的な変化が一般にはじめの変化を続けさせるという性質を帯びており、相互作用の過程——そこではある要因における変化は残りの要因の反作用によってとぎれることなく保たれる——を通して全体系ははじめの変化の向きに、ただしはるかに進んで動く勢いを与えられつづけることになる、という相互依存である。」(Myrdal 1956, pp. 15-16)

ミュルダールはこのような因果律を重んじたので、「『産業革命』という言葉は〔彼にとって〕経済の分野で実際に起こったことを大袈裟に表現しすぎているように見え〔た〕。いずれにせよ、その過程は社会的にはむしろ進化の一つ〔であったはずである〕」(Myrdal 1956, p. 169)。

視野を広げれば、この国民的統合は国民的分裂という忌々しき問題を引き起こすことが分かる。この国際的分裂は福祉国家——そこではすでに国民的統合が成し遂げられている上に、それがなおいっそう強められつつある——にとってはたいして重要ではない。実際、福祉国家において強まりつつある国民的統合こそが、国際的分裂をさらに忌忌しきものにしているのである。ここにおいてもミュルダールの循環的・累積的因果関係が現れる。すなわち福祉国家においては、「近代福祉国家の国家主義的経済政策が、その目当てとするところ——より安定した市場を作り出すこと、そしてその国の中で所得再分配を成し遂げること——に合理的に一致しているのである」(Myrdal 1956, pp. 47-48)。戦うべき「国際的難局」が、そこからもたらされる。

「この過程——国民的統合はこれによって国際的分裂を招く——は

かくして累積的である。入れ代わって国際的分裂は、外国市場がいっそう不安定になることを意味する。そのことによって、国内の安定のために内国市場に専心してそこによりよい保護を与えようとする合理的な衝動がふたたびつよまる。国民的ではなく国際的な結束という政策をはっきり目に見えるようにし、それを効果的に推し進めることは、進みつつある国際的分裂のせいでさらにますます難しくなる。」(Myrdal 1956, p.48)

言うまでもないことだが、国際的分裂が元で大へん惨めなことになるのは低開発国の無辜の諸国民である。というのも、それらの国には国民的統合がないからである。ミュルダールによれば、国際貿易こそが、理論的命題に反してこれらの地域を何もないままに押し止めてきたのである。古典学派以来のたいていの経済学者と違って、ミュルダールは貿易取引の有害な影響について落ち着いた識見を持っていた。そのため彼は、「市場における諸力の働きはふつう地域間の不平等を減らすというよりむしろ増す結果になる」(Myrdal 1957, p.26)という考えを明らかにするべく、「逆流効果」と「波及効果」との違いを見分けた。[5]

波及効果も逆流効果も国際貿易における循環的・累積的因果関係を表すものの、これら二つはそれぞれまったく正反対の出来事を意味している。貿易取引が行われるとき、たいていの国では一方が他方を大いに凌ぐことになるのであって、けっして釣り合うことはないとミュルダールは考えた。[6]

「……労働、資本、財、サービスが動くことのみによって、地域の不平等への自然の傾向が和げられることはない。移民、資本移動、貿易取引というのはむしろ、それだけで累積過程を展開させる――運のよい地域では上向に、運の悪い地域では下向に――媒体なのである。一般に、それらが前者に明白な成果をもたらすのであれば、

後者がそれらから受ける影響は有害なものである。」(Myrdal 1957, p. 27)

　ミュルダールはこういう次第で国際的な不平等を引き起こしている機構を解明したのであるが、彼の探求はそれに限られなかった。彼はまた、「ある国がすでに為し遂げた経済発展の程度が高ければ高いほど波及効果は通例つよくなるという重要な事実」(Myrdal 1957, p. 34) を、あるいは逆にいえば、「貧困国における市場要因の自由な働きは、地域の不平等を引き起こしてすでにあるそれら不平等を広げるためにより力づよく作用するだろう」(Myrdal 1957, p. 34) ことを探り出した。要するに彼は、「全体としての世界は、後発開発途上国の一つにおける国内の情勢とよりよく似た有様……を示している」(Myrdal 1957, p. 63) ことに気付いたのであった。基本的に、福祉国家であってもその内には進んだ地方に加え遅れた地方が含まれているはずである。しかし福祉国家に関しては、国民的統合があるためにそうした不釣り合いは実に些細なことなのである。

　国際経済関係を筋の通った論理で説明するため、ミュルダールは循環的・累積的因果関係の概念を非常に多様に用いたけれども、それらの中でもっとも本質的なものはこれまで我々が見てきたようなあたりである。彼はそうした考えに基づいて、低開発国の開発政策を唱導した。これらの政策を通してミュルダールが実現したいと思っていたのは国際統合——それは国際協力によってのみ為し遂げることができる——である。そしてそれを通して、どの国もよくなることができるのである。さらに彼は、「国民経済の進歩や統合は、十分に統合された世界においてのみ最高の程度にまで達しうる」(Myrdal 1956, p. 33) と思っていた。では、国際統合とは何か。彼によればそれは、国民経済の解体どころか、「国民経済政策の仕組みを国際的に調和させて、調整して、一体化すること」(Myrdal 1960, p. 126) を意味している。「経済的にはもちろん政治的な必然として、国際統合は国民的統合を通し

てのみ達しうるのであって、何かほかのやり方でこの問題を扱うのはひどく皮相なことであろう」(Myrdal 1956, p.168) と彼は確信していた。

「いくつかの国民国家が自分たちの経済情勢を改善すべく一緒に骨を折るという計画と調和するように国の政策を直すことで、我々は、それぞれの国にとってためになることをねらった成果をなお保つと同時に、国の政策が持つ国際的な分裂化効果のほとんどを取り除くことになろう。」(Myrdal 1960, p.126)

3 「経済理論家」と「制度派経済学者」とのつながり

よく、ミュルダールの仕事は二つに大別されるといわれる。一つは経済理論家としてのもの——Myrdal (1939) がその典型である——であり、もう一つは制度派経済学者としてのもの——こちらはMyrdal (1944) が始まりである——である。そして彼の循環的・累積的因果関係という概念はもっぱら後期ミュルダールの仕事の範囲内で研究されてきた。彼の貨幣理論——そこにおいて彼はWicksell (1898) を内在的に批判した——と制度派経済学者としての仕事との間につながりがあるかないかということが度外視されてきたゆえんである。

実はミュルダールは、Myrdal (1956) の中で三度も、それも政策論議のさなかに、J.G.K.ヴィクセルの不均衡累積過程もしくは「貨幣的均衡」という術語に触れていたのである。彼はヴィクセル不均衡累積過程だけでなく「貨幣的均衡」という術語——それはまったく、彼が前に書いた本の題である——にすら触れていたわけであるから、彼はこれらの術語を政策論議のために意識して使ったといって差し支えなかろう。

ここで前もって、いかなる点においてミュルダールはヴィクセルの貨幣理論を批判し、またいかにしてそれを再建したのか確かめること

にしよう。もともとヴィクセルがやろうとしていたのは、貨幣数量説を価格形成の主な理論とつなぎ、物価水準の累積的な動きを自然利子率と貨幣利子率との違いに帰することであった。ヴィクセルは、貨幣的均衡をもたらす利子率のことを「正常利子率」と呼んだ。彼は、貨幣利子率は正常利子率と同じ高さにあるときに自然利子率と等しくなると考えていた——それは貯蓄に対する需要を供給と釣り合わせるのみならず、物価水準をも落ち着かせる——。ミュルダールはこの考えに逆らい、物価水準の安定は貨幣的均衡と無関係であると考え、投資の水準は貨幣利子率と自然利子率との関係、すなわち実物資本の資本価値と再生産費との関係によって決まるという条件において、意図された投資と意図された貯蓄との等しいことこそが貨幣的均衡であると論断した[9]。そして彼は、いくつかの場合における不均衡累積過程の研究を進めたのであった。

けれども物価水準については、特殊な物価指数を用いることで貨幣的均衡ないし不均衡累積過程を諸価格との関連で検討することができるとミュルダールが唱えていたことを付け加えておかねばならない[10]。

ミュルダールはMyrdal (1939)——その手短かな説明を我々は上で見てきた——に基づいて、「低開発国の経済政策全般を外の世界との貿易関係の点から分析し」(Myrdal 1956, p.224) ようと試みた。彼は、低開発国は、一次産品の交易条件が不安定であるせいで輸出代金において激しい衝撃に晒されがちであると考えていた。彼は「輸出代金が上向になるときも下向になるときも、「自然の傾向」は増大したインフレ圧力を引き起こす」(Myrdal 1956, p.241) と言い、前者の場合に関して次のように意見を述べた[11]。

「……もし、国民貯蓄を増やすことを目指した新しい財政・金融節度が適用されなければ、より多くの輸出代金から生じる所得増は、——よく知られたヴィクセル的累積過程の仕組みに従って、そしてまた消費需要、雑所得、不変の率での租税収入、公共支出、投

資等々における反応を介して——悪性インフレを生じさせるであろう。」(Myrdal 1956, p.241)

　我々はここから、ミュルダールがMyrdal (1956) において「ヴィクセル的累積過程」と呼んだのは、低開発国において投資と貯蓄との釣り合いが取れていないことによってもたらされるインフレ過程のことであると知ることができる。そこでは二つの利子率にも利鞘にも触れていないけれども、貯蓄と投資との関係こそがある経済が不均衡累積過程に入るかどうかを決めるという考えはMyrdal (1939) と分かち合っている。だが、この状況においては投資が貯蓄を上回る場合も下回る場合もインフレ過程に帰着すること、低開発国におけるインフレーションを扱ったときにミュルダールは自身のかつての特殊な物価指数を使ったように思われないこと、ヴィクセルの名前を用いているにもかかわらず彼が完全雇用下でのヴィクセル式「生産転換」を事実だと考えなかったこと、に我々は気をつけなければならない。彼は、「国際貿易における低開発国の実質所得がきわめて幅広く変動するため……それらの国が貨幣的均衡を保つという仕事は大へん難しいものになるに違いない」(Myrdal 1956, p.242) と考えていた。

　「概して、インフレーションをもてあそんでいるとヴィクセル的累積過程を招くという事実は、時間要因がきわめて重要であることを強調している。実際、全体としての運営はすこぶる慎重な扱いが求められる冒険であって、供給弾力性の低い低開発国においてはとりわけめんどうである。このことが意味しているのは、一方における投資という形でのつよい拡張論的なてだて——開発に熱心な低開発国はどこでも、勇気のあるだけ大いにそしてはやく、こうして発展したいと思うであろう——と、他方における、徴税その他のやり方という形での、所得や需要を抑える均衡的・抑圧的なてだてとを一遍に適用するということである。」(Myrdal 1956,　p.

272)

　こうして制度派経済学者としてのミュルダールは、経済理論家としての自身がもたらした成果の助けを借りることで、低開発国において物価水準を落ち着かせると同時に投資を高い水準に保っておくことの難しさを分析したのであった。

4　宮崎とくらべた場合のミュルダールの見解の特徴

　日本の著名な経済学者であった宮崎は、経済学のさまざまな分野でたくさんの研究成果を残した。彼はもともと、杉本栄一の指導により、経済思想史、特にJ. M. ケインズの経済学を研究していた——それは宮崎 (1967) に結実した[12]——。ところがやがて経済思想史はむなしいと感ずるようになり、都留重人の影響を受け、現代資本主義論の研究——その代表作は宮崎 (1976) である——に取り掛かったのであった。彼の研究はこれらに二分されたかに見えたが、それらは宮崎 (1992) へと統合された。そして実際、宮崎 (1992) を出す少し前から、宮崎は世界経済の成り行きについて大へんさかんに論じだした[13]。世界経済について論じる際、彼は自身の主張をMyrdal (1960) に擬するため、Myrdal (1960) をたびたび引き合いに出した。しかし彼の意見はミュルダールとけっして同じではなかった。そこでこの節では、この二つをくらべ、ミュルダールの意見が今でも条理にかなっているかどうかよく考えてみる。

　なお、宮崎が以下に述べるような考えを繰り広げたのが最晩年だったことを考えれば、これは彼が遠い未来を見通して言ったことであると見るべきであり、宮崎はけっして国民経済が超国家的な枠組みに移っていって主権国家が崩れてゆくと簡単に考えていたわけではないという解釈も成り立ちうる。そう考える場合には、この先で述べる宮崎の考えはいくらか割り引いて受け取ったほうが無難ということになろ

[14)]
う。

（1） トランスナショナルな枠組みに移行する国民経済

　まず第一に、宮崎の意見のよりどころとはいかなるものであったのか。我々は二つの主な要因を出すことができる。すなわち一つは情報・通信革命であり、もう一つは多国籍企業の出現である。彼は、これらの要因が金融自由化──これが「複合不況」をもたらした──と同一歩調をとりつつ、国民経済という枠組みを解体してきていると唱えた。

　「この『国民経済』は、もともと資本主義社会と国民国家の形成とともに現れたが、第一次世界大戦争後、社会主義国民経済が出現するに及んで、『国民経済』の枠組みを維持したまま、資本主義から社会主義への移行を可能とする"一国社会主義論"が次第に台頭してきた。しかし第二次世界大戦後この見解の前に大きく立ちはだかったのは、多国籍企業の登場と情報通信革命である。資本主義社会は、社会主義国民経済への道を選択する前に、資本主義市場経済システムを維持しながら『国民経済』の枠組みから脱皮して、いくつかの『国民経済』を統合したよりいっそう広域の新しい経済的枠組みを模索するもう一つの可能性に向かって歩み出したように見える。」（宮崎 1995、4 ページ）

　「……金融自由化の帰結としてのストック－フローの調整過程（複合不況）は、一国経済の枠組みを前提とする（一国の）中央銀行の金融政策のみによってはとうてい回避することのできない厄介な経済的困難である。よく知られているようにケインズ政策は、本来一国中央当局の低金利政策によって不生産的な金利生活者階級の"安楽死"をはかり、労働者と経営者・官僚の近代的でアクティブなグループ、すなわち"生産者階級"の手に一国経済のヘゲモニーを掌握させることに目標を定めてきた。しかし、日・米・英の金融自由化およびグローバルなデレギュレーションは、まさにこのケインズ政策

の根底にくさびを入れて崩壊させ、資金の流れを自由化・世界化することにあったにちがいない。その結果、資金の流れをもう一度一国の中央当局のコントロール下に抑え込み、一国のリセッションを回避させるために有効な政策（有効需要拡大策など）をとることは、きわめて困難になってしまった。かくて一国資本主義的なケインズ政策は、再起不能の打撃を蒙るにいたったものと思われる。」（宮崎 1992、260ページ）

　上の引用からわかるように、宮崎にとって、「『国民経済』という経済的枠組みが、すでにたそがれの残光のもとに置かれているという厳しい現実」（宮崎 1995、270ページ）はある意味で避けられないものであった。なるほど彼は二つのもの、すなわち福祉国家（あるいは社会主義国民経済）と超国家的経済との間での選択を示したが、事実の点から前者は否定されていた。というのも、彼の考えでは超国家的経済への移り変わりは引き返すことのできないものだったからである。彼はこの事態を「『『自由放任の終焉』の終焉」と呼び、この枠組みは「各種の規制を大幅に緩和し、将来広域経済圏の中で強力な統一的な公正取引委員会が確立されるまで、1930年代に一度痛烈な幻滅を味わったことのある規制のない弱肉強食への道を再び歩み出」（宮崎 1997、36ページ）すことになると唱えた。[15]
　そして彼はここにおいて、「『『トランスナショナル・シビル・ソサイェティ』に関する新しい社会科学の樹立」（宮崎 1990、288ページ）の必要を強調するためだけでなく、「1960年代〔ヨーロッパ経済共同体（EEC）〕加盟の際、ケインジアンと新古典派の間に見られたヴィジョンと理念の対立に対して、それを超える新しいヴィジョンと新しい理念を樹立することが不可避の作業となろう」（宮崎 1997、42－43ページ）ということを強調するために、Myrdal (1960) にて述べられたミュルダールの考えを引く。彼はヨーロッパ連合（EU）、北米自由貿易協定（NAFTA）、アジア太平洋経済協力会議（APEC）などをそうした枠組

みの具体的な姿であると見なしていたので、超国家的経済への途がいばらの道であることをそれとなく言うために、EEC加盟問題のことをそこでの例としてあげた。1960年代から1970年代まで、ケインズ経済学者は一般にイギリスがEECに入ることに異を唱えたが、新古典派経済学者は賛同した。日本における代表的なポスト・ケインジアンの経済学者、宮崎が今後重要になると考えていたのは、そのいずれでもない。彼は、「将来もし先進資本主義諸国間においてケインズ政策が再構築されるとしたら、それはグローバルなケインズ政策であ……らねばならない」（宮崎 1992、262ページ）と考えていたのであった。

（2） ミュルダールの見解は今日正しいか

我々が第一に調べたいのは、国際統合（あるいは超国家的経済）はいかにしてやり遂げることができるかということである。宮崎はこれを避けようのないものと信じていた。というのも、彼は超国家企業や情報・通信革命が国民経済の解体を生じさせていると考えていたからである。だがミュルダールの側では、国際統合というのは少しも避けられないものではなく、諸国民が慎重に作り出す必要のあるような状態であった。それは諸国民の意志の問題である——国の政策や共同の利害を整えること（国民経済政策の国際化）はもともとなくてはならないものであるが、どの国民も自分たちの政策を制限されるといけないので、それを嫌うのである。ミュルダールにとってはどちらかといえば、国際的な不統合が普通の状態であった。

第二に、どの段階でそれぞれの国が統合されることになっているのか調べよう。これに関しては、両者の見解は似たり寄ったりである。ミュルダールは、先進国は自分たちの国民経済を優先させることなく経済を自由化すべきであること、低開発国は国民経済の枠組みをそのままにしておいて協力を続けるべきであることを唱えた。要するに、これがいわゆる「国際貿易における道徳の二重標準」(Myrdal 1956, p. 292) である。宮崎はミュルダールの例に倣い、「『国民経済』の枠組

みでは、もっぱら"脱亜入欧"の旗（一国覇権主義）を高々と掲げ、それが近代日本経済を規定してきたが、トランスナショナルな経済的枠組みに突入すると、それにとって代わって、福祉世界を目指す一層寛容で、柔軟な『二重の道義基準』が対外政策の理念となる」（宮崎1997、53ページ）と唱えた。

しかし第三に、国際統合が進む際の国民経済の行く末に関しては、二人は互いに異なっていた。宮崎は、国民経済という枠組は（低開発国は別として）確実に崩れつつあると理解していたのであるが、ミュルダールは、第2節において見たように、「国際統合は国民的統合を通してのみ行き着くことができる」（Myrdal 1956, p.168）と信じていたのである。

第四に、両者がEECのような枠組みを国際統合への一歩と考えていたのかどうかについて吟味する必要がある。ミュルダールはこうした枠組みを「福祉世界」とは別に「半地方的福祉国家」と呼び、「計画に従って行動されるであろうかぎりにおいて、よし西ヨーロッパあるいはその大部分が本当にかなりのところまで統合されたとしても、それらが国際経済関係の区分化に向けいっそうの歩みを意味するという、より広い世界的な見地からの恐れがある」（Myrdal 1960, p.109）という認識を示した。彼は、「このより大きな単位を多くの小さな単位に取って代わるべく作り出すことが、世界一般における経済統合に向けた真の歩みに最終的になるのどうかということは、〔自分には〕明確な答を述べる支度が出来ていない難問である」（Myrdal 1960, p.108）と考えていた。これに反して、宮崎はEEC（あるいはEU）やAPECが超国家的な枠組みの具体例であるとはっきり認めていた。[16]

以上の探究により、宮崎は自身の主張をつよめるためにしきりにミュルダールに触れていたものの、両者の意見はたがいにずいぶん違っていたことが示された。したがってもし宮崎の意見が正しいと認めるならば、当然ながら、ミュルダールの意見は現代の経済にそれほど当てはまらないということになる。我々は宮崎の唱えたことが正しかっ

第5章　ミュルダールの累積過程論と国際経済政策

たかどうか確かめる必要があるとはいえ、宮崎があとあと注視したような情報・通信革命、多国籍企業の活動、金融自由化をミュルダールが予期しそこなったのはまったく無理からぬことかもしれない。[17]

最後に、ミュルダールによるK. H. マルクスの予知への評価についてよく考えてみたい。ミュルダールは、「すべての国における経済的不平等は必ず大きくな」(Myrdal 1956, p. 323) り、「ことごとく革命へと突入するまで、金持ちがつねにより豊かになるだけでなく、貧民もより貧しくなる」(Myrdal 1956, p. 323) という「マルクスの予言」について触れた。そして、一国内のみならず、世界全体においても、この予言は誤りであるということを示そうとした。

ミュルダールによれば、めいめいの先進国において国民の結束が次第に強くなってきていたために、第一の命題はつまづいた。そこでは「民族国家、運命・大志の共同体、境目の内側でのすべての国民の本来的平等といった理想が、マルクスの理解していたより、そしてつまるところは階級の気持ちよりつよかったのである」(Myrdal 1956, p. 324)。さらに彼は、より広い世界においては民族国家の重要な特性（すなわち、同じ言葉や同じ制度）がないにもかかわらず、第二の命題もまた誤っていると見做した。たぶん彼は、長年の絶え間ない努力によって態度が累積的に変わりうると考えたのであろう。[18] けれどもこの点について彼が行った説明はあまりはっきりしたものではない。

彼は、先進国における国民的統合（機会の平等）と経済進歩とは、互いの間で働いている循環的・累積的因果関係を通してつよまることになっているとはっきり述べたが、昔ながらの先進国を眺めるかぎりでは彼が予想したほど状況は単純でないように思われる。このところの日本社会を一瞥すれば、日本における国民の結束はつよまりつつあるというよりむしろよわまりつつあることを認めるほかない。[19] しかしながら、ミュルダールの唱えたことが心得ちがいであったということにただちになるわけではない。というのも、循環的・累積的因果関係の原理というのは特定の状況における社会の進展の無限の部分というよ

125

りも、その限られた部分に当てはめうると見做すべきだからである。いかにそれが魅力的であったとしても、社会のすべてのことを一つの原理で説明できると考えないことが賢明であろう。それでもこうした福祉国家からの後退をミュルダールの考えで説こうとすれば、たぶん、なおつよまりつつある国際的分裂が古株の先進国においてすらも国民的統合に打ち勝ってしまった、ということになるだろう。宮崎の術語で言い替えれば、超国家的な枠組みは形作られた一方で世界的なケインズ政策がいつ打ち立てられるかについては知りえないということができよう。今、NIEsやBRICs以下、さまざまな国が、経済発展を果たしつつある。だが後発開発途上国は今なお残されている。もしいつかこれらの国々が先進国と力を合わせて発展するとすれば、世界的なケインズ政策は棚上げするとしても、国際統合というミュルダールの気高い理想はたぶん実現しないだろう。というのも、諸国民が互いに団結するには、世界経済はあまりにまちまちだからである。

5　結　び

　ここまで我々は、ミュルダールの国際経済関係論についてじっくり考えてきた。彼は、循環的・累積的因果関係の原理をさまざまな点に繰り返し繰り返し用いることで、国際経済を動的な過程として分析した。彼は、福祉国家においても低開発国においても循環的・累積的因果関係が働いていると言い、さらに、全世界それ自体（ソビエト圏を除いて）もその原理に支配されていると言った。そうして、国際協力によって為し遂げられる国際統合が提案された。

　第3節においては、ミュルダールが経済理論家として不均衡累積過程の理論を繰り広げたMyrdal (1939) の成果が、後年制度派経済学者として国際経済関係を分析したときに活かされたかどうかについて吟味した。そして、低開発国におけるインフレ過程を研究するためにミュルダールが昔の成果を利用したことが分かった。

第5章　ミュルダールの累積過程論と国際経済政策

　そして前の節で我々は、循環的・累積的因果関係の原理に基づくミュルダールの国際経済関係論について宮崎の見解に照らしながらふたたび考え、それによって、ミュルダールの国際統合といった理想だけでなく、国民的統合といった理想についても、我々はけっして楽観できないことが分かった。というのも、根本的な礎であるとミュルダールが見做していた国民的統合自体が、今や瀬戸際でぐらついているからである。もし我々がミュルダールと同じように福祉世界を望むなら、超国家的な経済活動が続いていようが、我々は国民経済を保とうとしなければならないのかもしれない。

注
1) 低開発国を扱ったものとしては、Myrdal（1968）やMyrdal（1970）、とくに前者がよく知られている。たしかにミュルダールはこれらの研究において、産出高、生産の諸条件、生活水準、生活や仕事に対する態度、制度、政策といった六つのものの間で働いている循環的因果関係について論じ、低開発国が停滞から抜け出して発展するための条件（教育政策、人口政策などを含む）をことこまかにあげたのであった。ただ、それらの議論においては循環的・累積的因果関係の原理は必ずしも大きな役割を担っているわけではなく、使われる場合にも、かなり大雑把な使われ方をするようになっていた。また、彼が70年代以後に国際経済について書いた論文を見てみても、循環的・累積的因果関係の原理はほとんど出てこないのである。そうしたわけで我々としては、ミュルダールが国際経済について論じた中でも、循環的・累積的因果関係論を積極的に用いた60年あたりの議論に焦点を定め、以下見てゆくことにする。
2) 彼は、福祉国家は全機構を簡素にするために、経済計画の進行中にたまった権限をいつかは国内の種々の公共施設に委ねるべきであると言った。
3) Myrdal（1957）の 3 － 4 ページを見よ。
4) ミュルダールの言う機会の平等とは、社会的移動性のあること、つまり、個個人が自分の仕事や暮らしのありさまを好きなように選れることをさしている。Myrdal（1956）の11ページを見よ。またMyrdal（1956）の169ページでは、機会の平等が成し遂げられるための前提として、次の三つがあげられている。
　（ a ）地方においても、国民共同体全体内においても、社会的移動性が増す

こと
　（b）国全体において社会的なつながりや実際的な結束がつよまること
　（c）地方および国の水準において、すべての国民が、社会過程を統御するという政治的な責務にいっそうあずかること
5) P. S. ホは、R. トレンズ以外の古典派経済学者で逆流効果に気づいた者はいないと言っている。Ho (2004), pp. 540, 543を参照。
6) このように彼は貿易の見地から伝統的な均衡理論を厳しくとがめたわけであるが、これは必ずしも、彼が均衡理論を少しも認めなかったということではない。次のように言っていることに気をつけよ。
　「それらの問題を直視するとその理論はもはや無力であるという事実は、そのような大きな経済的不平等のない異なった状態にその理論がうまく当てはめられないことを意味するわけではない。私が論じてきたように、普通の社会過程を研究するために使ったときには非現実的である安定均衡という概念でさえ、ある問題を研究する際、特に短期のみを考慮中である場合には、ときどきは有益な役目を演ずるかもしれないのである。」(Myrdal 1957, p. 157)
7) 具体的には、彼は次のようなことを唱えた。
　（1）「真に信用が置ける計画の数を増し、公正な取引条件でより多くの信用貸しができるような体制を築け」(Myrdal 1956, p. 118) るようにするために、「じかに儲けが多いわけではない外部経済や社会的な投資に当てられる国際的な援助」(Myrdal 1956, p. 118) を正当化する政策。
　（2）「福祉国家という画期的な観念——それは、非常に好都合な事情の下で厳しい資本蓄積、経済進歩、国民的統合が生まれてきたことの最終的な結果である——」(Myrdal 1956, p. 313) を輸入することよりむしろ、必要な資本蓄積に優先権を与える政策が技術協力を通して為されねばならないこと。
　（3）「多くの大切な点において我々の西洋社会とは違っているであろう社会へと導かれる」(Myrdal 1956, p. 175) べき政策。民主主義——それは「自由、平等、同胞愛、そしてそれゆえの平和から成る「自由世界」という遠い目標を為し遂げるための」(Myrdal 1956, p. 176) 礎を築くであろうとミュルダールは信じていた——を除いて、「絶つべきでない歴史的な結び付き、廃止でなくて順応こそが必要な受け継がれてきた風習というものがあるのである」(Myrdal 1956, p. 175)。
　（4）低開発国が、「需要が増しつつあり、所得・価格弾力性の高い動的な商品を自分で捜し、将来性のおぼつかない商品に縛られないよう試みる」

(Myrdal 1956, p. 254) ことを求める政策。
（5）「高度に統合されて先進的・民主主義的である新しい国において貧しい階級がしなければならなかったように、対抗力を勝ち取るために」(Myrdal 1956, p. 267)、より安い品質についての「第二級国際特化」、言い替えれば「特に工業製品の貿易取引に絞って、低開発国、あるいはそれらの集まりの間で国際貿易において力を合わせること」(Myrdal 1956, p. 259) を勧める政策。
（6）消費財、とりわけ高級品に対して関税（もしくは複数為替相場）によって輸入制限をすることに対するもっともな言い分を低開発国に与える政策。ミュルダールは、そうした輸入制限によって世界貿易が減ることはないだろうと言った。というのも、輸出代金、対外的な信用貸し、援助による彼らのたくわえは全部、その代わりに、経済発展に必要な財を輸入するのに使われることになるからである。Myrdal (1956) の288-289ページを見よ。これに加えて、彼は保護貿易の拠り所を三つ列挙した。第一に、低開発国においては、引き合わない投資によってかなりの外部経済が生まれる可能性がたっぷりある。第二に、低開発国における多くの労働余剰は、生産に引き込まれると利益を生むことができる。第三に、低開発国においては、保護貿易がないと国内の価格や費用が偏ったほうに向かう——このことは工業化を妨げる——。Myrdal (1956) の275-279ページを見よ。ついでながら、ミュルダールは、自身が唱導した輸入制限をすべての低開発国が取り入れるように仕向けたわけではない。Myrdal (1956) の269-270ページを見よ。

8）J. アングレサノはMyrdal (1969) に従って、ミュルダールの経歴を三つの部分に分けている。すなわち、経済理論家（1915年～33年）、政治経済学者（1932年～38年）、制度派経済学者（1938年～87年）である。Angresano (1997) の32ページを参照。
9）彼はヴィクセルの曖昧な術語、自然利子率を「実物資本の利回り」——これは実地に計ることができる——と取り替えた。さらに彼は、金利と実物資本の利回りとの関係を、意図した投資の予想された資本価値と生産費との関係と取り替えた——それは今度は現存する実物資本の資本価値と再生産費との関係と取り替えられた——。Myrdal (1939) においては、貨幣的均衡は利鞘（あるいは実物資本の資本価値と再生産費との差）がゼロであることを意味し︎な︎い点に注意せよ。
10）Myrdal (1939) の第6章を参照。

11) 輸出代金が少なくなるとどうしてインフレ過程が引き起こされるのかについて、彼は、「ほかの業種と同じく、輸出産業での賃金その他の所得」(Myrdal 1956, p.241)、さらには需要や投資が粘着的であることをあげた。
12) 彼は最初期には景気理論を研究していた。
13) このように書くと、人によっては、宮崎は全生涯、一貫した問題意識を持たなかったというふうに思うかもしれない。しかし彼は宮崎(1967)において、イギリスがEECに入るべきか否かについてイギリスの経済学者の間で行われた論争だけでなく、超国家企業といった話までもすでに取り上げていたのであるから、そのように理解するのは誤りである。
14) ただこのことについて、彼の生前をよく知る伊東光晴——彼は宮崎と同門であり、いくつかの仕事を宮崎と一緒に行ってきた——は、次のように言っている(以下は、2006年9月21日に行った聞き取りに基づく)。ケインズ政策が一国主義的なものであることを夙に重視してきた宮崎は、EUにおいてユーロが出てきたのを見、これがたちどころに国民経済の黄昏をもたらすと考えた。そこには、欧州の国々がそれぞれ違うという視点はなかったし、こうしたことを強調したこともなかった。宮崎は、資本主義の本質は違わないと言った都留に忠実であり、その影響によってケインズ否定に向かい、何よりも資本の論理ということを言うようになった——。

ちなみに、伊東はこうした宮崎の考えには与していない。ユーロはなかなかうまくいかない、ヨーロッパ各国ですら等質的でないのにグローバル・ケインズ主義などできるはずがない、いくら国民経済がオープン・システムに晒されていても通貨が異なっていれば為替相場による調整が可能である、資本主義は所有と経営との分離や寡占などによってその姿を変えてきた、というのが伊東の考えである。特に彼は「国民経済の黄昏」という宮崎の考えについて、「宮崎さんには政策者の立場がないんですよ、わたしは宮崎さんに福祉国家を放棄してもよいのか問いたい」と言った。
15) ついでながら、かつてKeynes(1926)を日本語に訳したのは宮崎であった。
16) 宮崎(1995)の267ページを参照。ただ我々は、APECというのはEUやNAFTAのような関税同盟、自由貿易地域とははっきり異なって、アジア−太平洋において自由で開かれた貿易取引や投資を行うというボゴール目標を叶えるための、協同かつ多数国参加の経済・貿易の公開討論の場であることに気を付けねばならない。
17) 宮崎による現状分析が正しかった場合でも、現実に対する評価と処方箋とにはさまざまなものがありうる。というのも、評価も処方箋も、分析する者の価値前提に応じて異なるからである。たとえば伊東——彼の経済分析は宮崎

とほとんど同じ経済思想や理論に基づいている——は、諸国間の経済的なつながりは大切であると思っていたし宮崎による現状分析にも同意していたわけであるが、国民経済の視点から、ケインズ経済学の利き目を高める経済政策を提言してきたのである。たとえば、伊東（1999）の最終章を見よ。
18) Myrdal（1956）の325-326ページを参照。
19) 我々は経済協力開発機構（OECD）の作り上げた「貧困率」——これは、中位の収入の50％という貧困の閾値を下回る人口の割合を示している——に従って、日本における格差が広がりつつあることを確めることができる。日本、ドイツ、スウェーデン、イギリス、アメリカにおける2000年時点での貧困率は、それぞれ15.3、9.8、5.3、11.4、17.1である。OECDに入っている国の中で貧困率が日本より高いのは、アイルランド、メキシコ、トルコ、アメリカだけである。Organisation for Economic Co-operation and Development（2005）を参照。

終章 カルドア、ミュルダールから現代へ
―― 循環的・累積的因果関係論と経済政策 ――

1 はじめに

　これまで我々は、N. カルドアもしくはK. G. ミュルダールが循環的・累積的因果関係の原理を使ってどのように経済政策を論じてきたか、そしてそこにどういう理念があったかということについて調べてきた。カルドアは国連機関でミュルダールと一緒に仕事をしたことがあるばかりでなく、循環的・累積的因果関係の原理もミュルダールから学んだものであると自分で認めているので、二人はだいたい同じような形でその原理を使ったように思われるかもしれない[1]。だが両者はその原理をまったく同じように使ったのでもなければ、経済政策についてまったく同じ理念を抱いていたというわけでもない。そこでこの章では、全体の締め括りとしてカルドアとミュルダールとを比べてみたいと思う[2]。

　もちろんここで我々は二人の学究的人生全般について網羅的に比べるわけでもなければ、業績全体について包括的に比べるわけでもない。あくまで前章までの探求の締め括りとして、両者における循環的・累積的因果関係論の用い方、またそこに込められていた理念を比べ、それらを踏まえた上で、この理論が持つ今日的意義について明らかにするのが狙いである。そこでまず次の節では、循環的・累積的因果関係論を分光し、その大体の流れをまとめることにする。そして第3節では、カルドアやミュルダールがその原理をどのように使っていたのか、ひいては、そうした原理を援用しながら唱えた経済政策によってどういうことを目指していたのかについて比べることにしたい。最後の節ではそれらを受け、現代における循環的・累積的因果関係論の位置を

はっきりさせた上でその重要性を確認する。

2　循環的・累積的因果関係論のおおまかな流れ

　循環的・累積的因果関係論にはそれなりの歴史があり、幅もあり、これまで必ずしも単線的発展を遂げてきたわけではない。古さだけでいえば、こうした考えはA. スミスにまで遡ることだってできるのである。ただスミスなど古典派の時代にはそうした考えはまだしっかり意識されたものではなかったので、そこから始まったというのは適切でないように思われる。そこで我々としてはもっと後の時代における二つの事柄に、その始まりを求めたい。

　まず一つの起こりは、ケンブリッジ費用論争とのかかわりで外部性や収益逓増についていろいろと論じられたところに求められよう。ハーバード大学からLSEに招かれたA. A. ヤングは「収益逓増と経済進歩」(1928年) において、スミスの議論から市場の大きさと分業とが互いに良い影響を及ぼしながら発展してゆくことを引き出し、動的な収益逓増と経済進歩とのかかわりを論じている。[3]

　その後やや間が空くものの、1940年代になるとP. N. ローゼンスタイン－ローダンらが均衡的成長を唱えだし、それによって何人かの経済学者による議論が引き起こされた。そしてやがてA. O. ハーシュマンがそうした均衡的成長を批判し、不均斉的成長論を唱えるようになる。このローゼンスタイン－ローダンやハーシュマンのあたりの論争は、循環的・累積的因果関係という考えを使って経済発展が論じられた一つの山場であった。

　他方、スウェーデンではすでに19世紀のうちに、二つの利子率の差が需要を動かし、それがマクロの需給関係を揺さぶり、ひいては物価を動かすという不均衡累積過程論がJ. G. K. ヴィクセルによって築かれていた。第4章で見たように、ミュルダールは『貨幣的均衡論』(1931年) にてこれを全面的に作りなおし、予想に基づく投資決定論を

終　章　カルドア、ミュルダールから現代へ

含んだ貨幣的経済理論を築いたのであった[4]。のちにミュルダールはアメリカの人種問題にかかわることになり、それを機にみずから制度派経済学者と名乗るようになった。そしてそれ以降、経済的要因と非経済的要因との区分けではなく、（ある実際的問題にとって）かかわりのある要因としからざる要因との区分けを踏まえた上で、かかわりのある要因の間で働いている累積的過程について考えるようになっていった。その重要な応用例である彼の国際経済関係論は第5章で見たところである。

　この二つのながれを受ける形で、カルドアがこの原理の使い手として登場した。彼はLSEでヤングの教えを受けただけでなく、国際機関でミュルダールと一緒に働いたこともある[5]。これら両者に接することで循環的・累積的因果関係の原理を知ったカルドアは、ポスト・ケインズ派経済学者らしく、『イギリスの経済成長率が低い原因』（1966年）あたりから有効需要の原理をこれに結合し、それをよりどころとしながら独自の経済成長政策、貿易政策を繰り広げはじめたのであった[6]。製造業における動的な収益逓増を元にしたそれら政策論の具体的な中身は、第1章、第2章で見てきたとおりである。

　あまり言われていないことであるが、ここで我々はこの流れに村上泰亮を加えたい。村上はその代表作『反古典の政治経済学』（1992年）において、国際関係や思想についての文献を（経済はもとより政治まで含めて）実に幅広く検討し、これからの世界のありかたとして、「重複によって共通する屋根」と「多相的な経済自由主義」とを打ち出した[7]。その中で経済についてはとりわけ費用逓減というのを重く見、カルドアと似たような論拠から、動的な収益逓増の見込まれる産業については（過当競争を抑えるために）政府が産業政策を打つべしということを唱えたのであった。

　このように循環的・累積的因果関係の原理というのは、立場や学派をまたいださまざまな担い手によって磨かれつつ豊かさを増していったものということができる。P.トナーは、この主題に関するまとま

135

った研究である『累積的因果関係における主な思潮：成長と発展との動学』(1999年) において、このながれ自体を一つの学派であるとする[8]。しかし学派という言葉が何を指すのか、言い替えれば、どうであれば学派であるのかはっきりしないので、このながれが学派と言ってよいかどうかは一概には決められない[9]。そもそもこの流れを学派と見做しているトナー自身、循環的・累積的因果関係はその流れの中で、それぞれの担い手が持っていたはずの着想や分析法が必ずしも引き継がれてこなかったということを認めているのである。よって我々としてはさしあたって、循環的・累積的因果関係論が学派として発展してきたと言い切るのは止すことにする。上村雄彦や磯谷明徳などのようにこれらを制度派経済学の一要素とする見方もあるが、我々はヴィクセルやヤングやカルドアが制度派であったとは考えないので、これにも従わないことにする[10]。

3　循環的・累積的因果関係論の用い方に見るカルドア、ミュルダールの特徴

　ところでトナーは上述の本において、ヤング、ローゼンスタイン－ローダン、ハーシュマンのそれぞれについて順に一人ずつ検討し、その上で、それら先達とくらべたときにミュルダールは循環的・累積的因果関係の原理を社会科学の方法論にまでひろげたことが、カルドアは循環的・累積的因果関係の原理に有効需要の原理を結合したことが、それぞれの独自の貢献といえると述べている[11]。彼は、成長や発展の動態をある程度しっかりした枠組みで繰り広げうるところにまで循環的・累積的因果関係論を研ぎ澄ましたということでカルドアをとても高く評価しており、ミュルダールについての章は十ページほどしかないのに対して、カルドアについての章では六十ページもの紙幅を割いてその議論を子細に検討している[12]。

　一方、藤田菜々子はトナーのように一つのながれを描くのとは違い、よく見れば循環的・累積的因果関係の原理には三つの流れが交ざって

終　章　カルドア、ミュルダールから現代へ

いると唱えている。すなわち、「とりわけ製造業における『規模の経済』概念を中心に、マクロ経済成長を主たる分析対象としているもの」（藤田 2004、70ページ）、「制度変化を分析対象とし、その制度変化を個人と社会構造の相互連関から説明するという理論的特徴を持つもの」（藤田 2004、70ページ）、「ヴィクセルの貨幣理論における、いわゆる『不均衡累積過程の理論』に端を発するもの」（藤田 2004、70ページ）、の三つである。そしてヤングやカルドアは一つ目に入り、T. B. ヴェブレンは二つ目に入り、ヴィクセルは三つ目に入るという見方を示している。ミュルダールについては、我々が第4章で見たような初期のミュルダールは三つ目に入って、第5章で見たような後期のミュルダールは一つ目と二つ目とを統合する位置にあると論じている。つまり、循環的・累積的因果関係論の三つのながれはミュルダールに則してこそそのすべてを見渡せるというわけである[13]。

　以上見てきたように、循環的・累積的因果関係論の流れの中でトナーはカルドアをもっとも称え、藤田はミュルダールをもっとも称えている。だがそこには、トナーが経済発展論により大きな関心を抱いていること、藤田が経済学方法論により大きな関心を抱いていることがあずかっていることを見落としてはなるまい。よって我々としてはこうした議論を手掛かりにしつつも、カルドアやミュルダールが循環的・累積的因果関係の原理をどのように用いて現実経済をどう説明し、どういう政策を生み出したのか、そしてそこにはいかなる思いがこめられていたのかという点について、あらためて比べてみる必要がある。

　そこでまずは理論としての出来上がり具合について考えてみたい。それに際して見たいのは、変数間の関係を明瞭に説明した理論となっているか、現実との対応を真剣に考えた理論となっているか、いろいろな主題を一つの枠組みで扱いうる体系立った理論となっているか、必要があれば政策を導くことができる理論となっているか、といったことである。

　カルドアが循環的・累積的因果関係論を用いるようになったのはケ

インズ派に転向してさらにしばらく時間が経ってから、すなわち1960年代なかばになってからであり、その使い道はもっぱらマクロの経済成長を論じるというものに限られていた。そこにおいて彼は、(工業で)動的な収益逓増が起きる仕組みをはっきりさせた上で成長の法則というものまで打ち出し、途上国、先進国の経済成長を論じうるだけでなく現実のデータに照らす余地をも持つ理論を築いたのであった。ただそれはかつてのケインズ派成長理論と違い、体系化は目指されておらず、第3章で見たように分配理論を伴うこともなかった。この理論が政策を導きえた点については、第1章、第2章でそれぞれこの理論にのっとってイギリスのため、途上国のための政策を唱えていたことを思い出せば十分であろう。特に途上国については、先達(ローゼンスタイン-ローダン、ハーシュマンなど)の言ったように多様化した国内成長(輸入代替)で経済発展を目指そうとしても国内農業からの需要が続かないのでしくじるに決まっていると述べ、代わりに輸出主導による経済発展を唱え、「循環的・累積的因果関係の思想史における重要な分岐点」(Toner 1999, p.140)を成すに至ったのであった[14]。

　これに対して、ミュルダールはカルドアのようなしっかりした理論を作りはしなかったと言われることがある[15]。しかしそんなことはない。ミュルダールが循環的・累積的因果関係の原理を使いだしたのは、アメリカの人種問題を調べてみずから制度派と名乗りだしたときからではない。第4章で見たように、1930年代、すでに彼はその考えを使いながら、ヴィクセルの貨幣的経済理論を論理的に首尾一貫したものへと全面的に作りなおしていたのである。この理論についていえば、ミュルダールは(ケインズのような経済活動の水準を決めるところまでいかなかったにせよ)マクロ諸変数の動的な因果関係について実に見事に描いていたということができる。またこの理論は、元になったヴィクセルのものとは違って、現存実物資本の資本価値、現存実物資本の再生産費といったように実際に手に入れらるような変数を積極的に使っていたことも思い出しておきたい(このことはミュルダールがこだわった点の一

終章　カルドア、ミュルダールから現代へ

つであった)。しかしこの理論が、後の福祉国家論、低開発国論あるいはその他と体系をなしていたわけではない。たしかに循環的・累積的因果関係論を使ってはいたものの、福祉国家論や低開発国論の場合は散文による議論の域を出ることはなかったからである。ではその理論から政策が出てきたかというと、出てきたことはとりあえず間違ない。貨幣的均衡（投資と貯蓄との事前の均等）を保つ中での政策ということについてかなり細かい検討が為されているからである。ただ問題は、ミュルダールの貨幣的均衡論は現実のデータを使って考えられるように作られていながらも、現実の特定の経済状態を説明するために築かれたわけではなかった点である。そのため、第5章で見たように、それを低開発国の現実に当てはめようとしたときには元のまま使うというわけにはいかなかった。それでも、ミュルダールが循環的・累積的因果関係の原理を用いてしっかりした理論を作ったことは（制度派と名乗るようになってから以後に視野を狭めないかぎり）事実である。この点をひとつおさえておきたい。

　次に比べたいのは国際経済政策についてである。カルドアもミュルダールも国際経済を考えるに際して循環的・累積的因果関係の原理を大いに活用した。そこはとても似ているところである。では、途上国（低開発国）や先進国（福祉国家）で働いている力についてまったく同じように捉えていたのだろうか。経済発展のための手立ては二人とも同じだったのだろうか。また、ヨーロッパ連合（EU）のような経済圏は国際経済に何をもたらすと二人は考えていたのだろうか。これらについて考えてみたい。

　たしかにカルドアもミュルダールも、自由な経済活動の結果として豊かな土地と貧しい土地とが生まれてくるので、ほうっておけば栄えることができるのはごく一部の国・地域にすぎないと考えていた。いわゆる「分裂効果（逆流効果）」である。だが、これとは逆に発展を周りに広げてゆく力である「模倣もしくは対抗心（拡張効果）」については、ミュルダールは何度も取り上げて論じているにもかかわらず、カ

ルドアはほとんど気にもしていなかったというちがいがある[16]。それでも、同一の原理が先進国（福祉国家）をも途上国（低開発国）をも貫いていると考えていたところはカルドア、ミュルダール両者に共通している。彼らの先達にはこうした認識はなかった[17]。

　循環的・累積的因果関係論に基づく発展のための政策については、カルドアはもっぱら経済面から提言を行った。工業にとっての外部市場（国内においては農業部門からの需要、世界においては輸出需要）が大きくなることが発展のために大事であり、そのためには農業においては生産性が上がって農業余剰が生まれる必要があり、工業においては特定のものを選んでそこに動的な収益逓増が働くよう二重の為替相場を使う必要があるという論理である。これに対してミュルダールは一方で所得弾性値、価格弾性値が大きく需要の伸びる輸出品を作ること、低開発国同士で工業品を安く売りあうこと（第二級国際特化）、福祉国家には貿易を自由にさせつつ低開発国には消費財の輸入制限を認めること（道徳の二重標準）など経済面での話も出しつつ、他方でより社会構造を見据えた議論をも繰り広げていた。機会の平等（国民的統合）と経済発展とは循環的・累積的因果関係の中で互いに補いあいながら進むものであるのでこれがうまくいかないと国際的統合は為し遂げられない、というのがその議論の根っ子であった。そこから、教育改革や人口政策を含む広い社会改良が必要であるという話が出てくるに至る。発展とは全社会システムの上への移動であると考えていたミュルダールにとって、制度や態度といったものに手を付けなくても経済指標だけを切り放してきて改善することができるといった考えは、ちっとも現実的でなかったのである。これはカルドアとまったく異なる点である[18]。

　それから、EUのような経済圏についての態度を見てみると、カルドアは（第1章で見たように）よくないという立場であった。他方ミュルダールはあまりはっきりと考えを述べてはいないが、第5章で見たように、どちらかといえば消極的な立場であったといえよう。

終　章　カルドア、ミュルダールから現代へ

　実は経済圏についての彼らの態度について語るには、そもそも両者が国際経済のどういうありさまを望ましいと考えていたかというところにまで踏み込んでみる必要がある。それはまた、彼らの究極の関心はどこにあったのかと問うことにもつながる。

　そこでまずカルドアの場合はどうだったかと思い出してみると、イギリスがヨーロッパ経済共同体（EEC）に入ることについて彼が反対したのは、もしEECに入ったりすると当時すでに穏やかでなかったイギリス経済がなおひどいことになると考えたからであった。そしてその論理を支えたのが彼の収益逓増・成長論だったのである。逆に言えば、イギリス経済がうまくいっていればあのときカルドアがどう言ったかはわからないということである。ここには、国民経済のための政策提言者という姿がはっきり見える。しかし彼は一国経済のことだけを考えていたわけでもなかった。思い出したいのは、彼が世界経済について次のような構想をいだいていたことである。すなわち、世界全体の成長がうまく保たれるためにも、先進国と途上国との間で工業品どうしの貿易を盛んにすることが望ましいという構想である。

　これに対しミュルダールは、各国が国民的統合のために行っている政策を調整しあってゆくことで国際的統合を目指すのが大事であるという構想をもっていた。国民的統合というのは一国内での機会の平等のことであるので、彼の望みはつまり、この国民的統合が（循環的・累積的因果関係の働く中で）経済発展とともに世界的な規模で成し遂げられることであったことになる。ミュルダールに関して興味ぶかいのは、国際的統合へ至るための途中の段階として国民的統合が大切だと言っていながらも、自身にはスウェーデンの国民経済についてのこだわりがあまり見られなかった点である。経済圏に関する評価も基本的に国際的統合の視点から行われていたといってよい。[19]

　このような違いもあったものの、総じていえば、自由貿易によってどの国も豊かになるという新古典派的な考えに対し、循環的・累積的因果関係論に則した一貫した議論をもって明快に反論した点に彼らの

141

重要な共通点があったというべきであろう。

4 結 び

　以上、我々は、第1章から第5章までで見てきたことを踏まえながら、カルドア、ミュルダールがどのように循環的・累積的因果関係の原理を使ったのか、またそこにはどういう思いがこめられていたのか、といったことについてくらべてきた。理論についていえば、それなりのモデルを築いていた点、現実とのかかわりをはっきり意識して作られたものであった点、ほかの主題にまで広げられるような体系を持ちえなかった点、において二人は共通していた。また、この場合のミュルダールの理論というのが貨幣的経済理論であったことから分かるように、二人が作ったものは狭い意味での経済理論であったという点でも共通していた。国際経済政策についていえば、両者は先進国（福祉国家）にも途上国（低開発国）にも同じ力が働いており、それによって富んだ地域と貧しい地域との差がいっそう開いてゆくと考えていた。ただし経済発展のための政策は異なっていた。カルドアが輸出主導型「成長」を唱えたのに対し、ミュルダールの場合は非経済的要因にも目を配って、教育改革や人口政策まで含んだ「発展」を目指すようになったのであった。それから、国際経済の望ましい姿に関する二人の考えはどうであったかというと、カルドアは国民経済を基礎にしてさまざまな国が工業製品の貿易をさかんにして成長してゆくべきであると考えていたのに対し、ミュルダールは国際的統合という高い理想をまず掲げ、その上でそこに至る道として、国民的統合のための政策を各国間で調整することを唱えたのであった。

　前の節でも見たように、同じ循環的・累積的因果関係論といっても、トナーのように経済発展の分析に関心がある立場からはカルドアの貢献が大きいように見え、藤田のように経済学方法論に関心がある立場からはミュルダールの貢献が大きいように見えるというふうに、何に

終章 カルドア、ミュルダールから現代へ

もっとも関心を払っているかによってこの理論の見え方や意義は違ったものとなってくる。我々はもちろん方法論に関心がないわけではないが、そこに軸足を置き、何もかもひっくるめることのできる概念を考えることに一番の値打ちを見いだすところまではいかない。第2節で述べた循環的・累積的因果関係論の流れに、ヴェブレンまで入れようとしなかったのもそのためである。ミュルダールが繰り広げたような社会体系全体における循環的・累積的因果関係の話と、ヴェブレンにおける思考習慣と手段・目的との間の累積過程の話とを一つの流れとしてくくるのは適切であろうか。そうかといって、トナーのように狭い意味での経済発展とのかかわりのみから循環的・累積的因果関係論の流れを見ようとすると、ミュルダールが突然出てきたような感じになってしまう。ミュルダールはどう考えてもヴィクセルの影響下で循環的・累積的因果関係論の着想を得たとしか思えないのであって、そう考えるならば、トナーのようにヤングだけをその始まりとするのはまずいような気がする。そういうわけで我々としては、循環的・累積的因果関係論にはトナーの言うような一つの流れでもなく、藤田の言うような三つの流れでもなく、二つの流れがあったと考えることにしたい。

　我々はこの一連の研究において、カルドア、ミュルダールが具体的な現実問題を前にして循環的・累積的因果関係論をどういう理念で用いたかということに気をつけて見てきた。たんに両者の学理を理論上の興味から扱ったのでない点において、トナーや藤田にはない議論ができたのではないかと考えている。また、循環的・累積的因果関係論にのっとったとき国民経済、国際経済関係に対する見方がどうなるのかという問題意識が貫いていたことも、本研究の特色であると考える。

　さてこうしたことをおさえた上で、全体の締め括りとして、循環的・累積的因果関係の原理が現代経済学において占めている位置はいかなるものか、さらに、これによって我々は何が言えるのかということについて考えてみることにしよう。

143

（1）現代経済学における循環的・累積的因果関係論の位置

　本研究を通してこれまで見てきたような考え方は、現代経済学の中で一つだけぽつりと離れたところにあるのではない。明らかにこの理論は、均衡状態ではなくもっぱら経済の動的過程について（経路依存性などに気をつけつつ）議論してゆこうとしている進化経済学の大きな流れをほうふつさせるものであるし、それにそもそも主流派の中においてすら、収益逓増を進んで議論に組み込もうとする内生的成長理論がはやっているのである。日米貿易摩擦との係わりで話題を呼んだ戦略的貿易政策論を連想する向きもあろう。それらの中身と循環的・累積的因果関係論とのかかわりはどうなっているのだろうか。

　まずは内生的成長理論から見てゆく。R. ソローがかつて作った古[20)]典的な経済成長モデルでは、人口成長や技術進歩を体系の外から持ってこないと定常状態では成長が止まってしまうことになっていた。内生的成長理論とは、このうち技術進歩について、どうにかモデル内で説明できるようにしようといろいろな学者によって繰り広げられてきた一連の試みである。P. M. ローマーは、先進国において成長率が下がってきていないことを指摘し、これは収益一定ではなく収益逓増が現実には働いていることを意味していると考えた。そして知識という外部性のある資本が経済全体で蓄積されてくることで各企業の産出も増すというモデルを構築した。このモデルでは成長率はどこまでもあがるわけではなく、知識という資本の成長率に恣意的に設けられた上限に近づいてゆくという結論となっている。R. ルーカスは学習による人的資本の蓄積、そしてそれが産み出す外部性に目をつけ、人的資本蓄積の弾性値が特殊な条件を満たす場合には定常状態においても成長の止まらないようなモデルを築いた。またK. アローは、生産活動によって経験が増えることで労働の節約がもたらされるという実行による学習をモデルに取り入れた。このモデルでは、実行による学習のつよさを表わす弾性値が特殊な条件を満たす場合には定常成長率が正

終　章　カルドア、ミュルダールから現代へ

となる。ほかに、研究開発によって財が多様になることで成長が起きるというモデルもある。そこでは、新しい財を作るに際して、すでに作られていた財の多様性が外部性をもたらすと考えられている。このモデルでは外部性のつよさを表す媒介変数が特殊な条件を満たす場合には一定の内生的成長率がもたらされることになる。さらには、研究開発から（ある確率過程にのっとって）新機軸が生まれ、それによって内生的成長が引き起こされるというモデルもある。このモデルでは研究開発の量が多くなるにつれて成功確率が大きくなることになっていて、ある技術的要因が新機軸に応じて比例的に増すという特殊な条件が満たされる場合には定常成長率が正となる。

　このように内生的成長理論は循環的・累積的因果関係論とかなり近いことに目をつけながらも、ほとんど主流派の道具を使って技術進歩を体系内で説明しようとする。では両者は同じようなものと考えてよいのであろうか。この点について論じている研究の多くは、どういうわけか内生的成長理論を（循環的・累積的因果関係論一般とではなく）ヤングの理論とくらべるという形になっているものが多い。その中からなるべく（ヤングだけでなく）循環的・累積的因果関係論全般にあてはまる部分を抜き出して、二つの理論のかかわりに関してどのようなことが言われているのか見てみよう。

　I. H. リマは、ヤングの貢献のうち、成長過程における収益逓増の役目を分析した点は内生的成長理論の側からもたたえられているのに、成長のためには分業と総需要との饋環が欠かせないという彼の強調点は無視されたと指摘している[21]。R. チャンドラおよびR. J. サンディランズは、ヤングにおける内生的拡張過程は人口が止まっていてしかも科学に発見がないような場合でも限りなく続くことになっていた点を指摘している。つまり、市場が大きくなるほど分業・迂回生産がやりやすくなり、それで収益逓増が生まれるというのがヤングの論理であり、資本その他の投入は成長の結果にすぎないというわけである[22]。加えてチャンドラおよびサンディランズは、ローマーの内生的成長理論

145

においては間接費や独占力があってこそ特化は起こるとされているが、ヤングにおいては特化は市場が大きくなることによって起こるのであって間接費・独占力はかかわりがないということも指摘している[23]。またサンディランズは、内生的成長理論で知識が内生的成長をもたらすという場合は費用・便益の計算をして新しい知識を見つけることを指しているのに対し、ヤングの唱えた知識の内生性というのは今ある知識を使い尽くしたり作りかえたりすることを指している、という点にも注意を促している[24]。L. クリーはヤングが内生的成長理論と大きく異なっている点として、投資が成長の中で生まれてくるとした点をあげている[25]。産業革命にしても、それは発明や投資の結果として起きたのではなく、投資や発明はむしろ産業革命の結果であった、というのがヤングの考え方だったのである（そして産業革命が起きた理由は、織物産業の収益性が高かったことに求められた）。なお、トナーは特にヤングへの限定なしに、全体としての循環的・累積的因果関係論を内生的成長理論とくらべている。そこで彼が言っているのは、内生的成長理論では金銭的外部性を認めず、均衡の枠組みで扱いやすい技術的外部性のみについて云々しているということ、循環的・累積的因果関係論では金銭的外部性を進んで扱うので均衡接近法と相いれず、洗練された数学モデルは使わないこと、である[26]。あとトナーはJ. コーンウォールの言っていたこととして、内生的成長理論は主流派から高度な総計的観点を受け継いでいる点、技術的知識や生産が研究開発から生まれるという話が抽象的である点、供給側指向である点において、循環的・累積的因果関係論とは違っていると言っている（循環的・累積的因果関係論では、工業が一人あたり産出が伸びるための原動力であり、その工業から金銭的・技術的外部性が生まれるということになっている[27]）。

　以上に加えて、一つ補っておきたいことがある。それは、循環的・累積的因果関係の原理というのは経済成長を論じる際にしか用いることのできないような道具ではないということである。内生的成長理論は要するに、技術進歩を投資の成果として起こらせ、定常状態におけ

終　章　カルドア、ミュルダールから現代へ

る成長率が正になるように話を持ってゆこうとするものである。そこではたしかに、先進国と低開発国との間にある成長率の隔たりが狭まってこないことなどは説明できているかもしれない。しかしそれとてきわめて厳しい条件の下での話でしかないのである。[28] 翻って循環的・累積的因果関係の原理は、序章第2節であげた七つの特徴を見ても分かるように、経済を含んだ社会のいろいろな動的現象について当てはめることができる懐のふかいものなのである。その意味で、現実を論じる一つの論理的枠組みとして、内生的成長理論とは異なった存在意義があるといえよう。

　では次に戦略的貿易政策論について考えてみよう。[29] 戦略的貿易政策論とはいったい、1980年代前半までにJ. ブランダー、B. スペンサーなどによって作られた新しい貿易理論を基礎とするものである。それまでの貿易理論は比較優位に基づいていたため先進国同士の産業内貿易が説明できなかったが、規模の経済性という視点を入れたゲームの理論による分析によって、それがうまく説明できるようになったのである。そしてそこから、政府が輸出補助金を出すことによってその国の経済厚生が高まるという命題が導かれた。この理論は現実の政策面でも大きな影響力を持ったものの、あちらこちらの点で批判が投げ掛けられ、やがて、P. R. クルグマンなどの作った、より新しい理論によって置き換えられることになった。そのより新しい理論がそれまでのものと違っていたのは、動学的理論であった点、情報の経済分析を取り入れた点においてである。また、規模の経済性に加え、とくに外部性というものが注目されるようになった。こうしたものに立脚することで、集積、ビデオ競争、長期失業、南北問題等々といったことが初期条件のちょっとした違いから説明できることが示された。伝統的な理論では生産関数、効用関数、初期保有という初期条件さえ決まればその体系のたどり着く均衡状態はただ一つに決まることになっていたが、収益逓増を認めるとたどり着く均衡は一つとは限らなくなり、政策的に初期条件を操ること（収益逓増の働く工業を後押しする等）によ

って発展の勢いを増す余地が出てくることになった。

　この戦略的貿易政策論は、1980年代後半以降のクルグマンらによる議論に限っていえば、循環的・累積的因果関係論ときわめて近い主題を扱っている。実際次にひく冨浦英一の文などは、カルドアやミュルダールが書いたものだと言われると信じてしまいそうな中身である。

「……もし、ここで見てきたように、何らかの一時の歴史的偶然（政策的に意図されたものであれ、外界から発生したものであれ）が勝負に決定的に重大な影響を及ぼすということになると、市場メカニズムは、我々の預定された運命を示す神聖な水晶球というよりも、単なる増幅機のようなものになってしまう。経済的成功も、その人が何らかの意味で人として優れていたことを証明するものではもはや必ずしもなく、単にラッキーだった人と『差別化』することは困難になる。市場メカニズムを礼賛する思想傾向とはあいいれないインプリケーションが、偶然の累積を導入した動学理論には伴うのである。」（冨浦 1995、111ページ）

但し、この理論は次の重要な点において循環的・累積的因果関係論とは異なる。それは、徹頭徹尾主流派の道具を使って議論を組み立てているところである。初期状態での差がどんどん広がってゆくような動学的な過程を扱っていながらもその枠組みがゲームの理論であるために最後は均衡に至ることになっていたり、不確実な過程を扱う枠組みが確率的動学的最適化であったりしているところがそれである。やろうと思えばこのような話まで出来るところがゲームの理論の勝れたところであると見るべきなのか、それとも、ゲームの理論など用いなくても可能である（もしくは用いるべきでない）話をわざわざ「科学的」に見せるために合理的な経済主体の行動から組み立てなおしているにすぎないと見るべきなのか、我々は俄には判断できない。ただ、循環的・累積的因果関係論が基本的に是としていないような考え方（合理

終　章　カルドア、ミュルダールから現代へ

的な経済主体の前提、均衡分析など)に則った議論であることだけは指摘しておきたい。第1章で我々は、よし政策的結論が同じであってもそれを導く議論まで同じとはかぎらないということを、カルドアとJ. E. ミードとの比較において見た。この戦略的貿易政策論も、そこから出てくる政策論が循環的・累積的因果関係論と同じになることがあったとしても、そこに至る考え方まで同じわけではないのである。また、内生的成長理論のところで述べたことと重なるが、循環的・累積的因果関係論は(戦略的貿易政策論と違って)経済現象のみを扱うものではないことをここでも確認しておく。

　最後に、進化経済学と循環的・累積的因果関係論とのかかわりについて見てみたい。進化経済学というのは今から二十年ほど前から出来てきた分野である[30]。これは基本的に、主流派経済学の根っこにある二つの仮定——「最適化主体」、「均衡」——への批判から生まれてきたもので、人間の合理性や能力にはかぎりがあることを議論に組み込むと同時に、市場をたんに価格機構の働く場と見るのではなく、自己組織的・自己生成的なものとして捉えてゆこうとするながれである。こうした経済学の意義については今から百年以上も前にヴェブレンによって唱えられていたものの、現代においてはいろいろな学派の研究者がここにかかわってきているため、進化経済学とは何であるかということを直截に言い切るのはたやすいことではなくなっている。この進化経済学は経済学の単なる一学派とは違い、経済と経済学との両方を研究対象とするという意味で「メタ経済学」とも呼びうるものである。この学問で出てくる「進化」とは発展的進化(進化をマクロ経済における必然的な進歩・前進と見なす)や発生的進化(進化をミクロ経済における因果関係と見る)のことであり、「遺伝子」とは「一定のまとまりや境界を持って時間的に存続・再生産可能であり、主体間で伝達可能な社会関係的実在」(西部 2005、33ページ)のことである(生き物における遺伝とは違い、この「遺伝子」は学習や模倣によって変わってゆく)。方法論としては修辞(隠喩)、批判的実在論、仮説的推論、類推の大切さを踏まえた

149

多元主義を標榜しており、これによって経済学の理論をつなぎ、ゆたかにすることを目指している。また、考えている物事の性質を知るための一つのやり方として、模擬実験がよく使われる。政策に関しては、「世界を独立性・不変性・単純性・同型性・無力性を付与した原子的な構成要素へと分解し、それらの相互作用から成る経済世界を外部観測的視点からトップダウン式に俯瞰し制御しうるように単純化した上でモデルを設計」(西部 2005、53-54ページ)し、「ミクロ的なパラメータやルールの変更によるシステム全体の計画・統御を」(西部 2005、57ページ)企てている「構築主義」、「基礎的構成要素のミクロ的ふるまいから経済世界を詳細に記述することを目指さず、経済世界のマクロ的現象のパターンを描写できるように粗視化したモデルを作ることに専念」(西部 2005、56ページ)し、「マクロ的なパラメータやルールの変更によるシステムの部分的でアドホックな計画・統御を視野に入れている」(西部 2005、57ページ)「操作主義」の双方を退け、「理論やモデルもまた世界の一構成要素であるという意味で自己言及性を持つこと、それが何らかの制度として現実化するならば経済主体の内的属性自身が変化してしまう可能性を」(西部 2005、57ページ)見詰め、「経済主体の内的属性と環境とのネットワーク相互作用を重視する内部観測的な制度設計がありうることを認識」(西部 2005、57ページ)している「進化主義」に立つ。[31]

　さてこのような一見つかみ所のない進化経済学と、我々が先の章までで扱ってきた循環的・累積的因果関係論とはどのような関係にあるのであろうか。ついさっき述べたように、進化経済学とは、「最適化主体」、「均衡」という考えを批判し、人間の合理性や能力にはかぎりがあることを議論に組み込むと同時に、市場をたんに価格機構の働く場と見るのではなく、自己組織的・自己生成的なものとして捉えてゆこうとするながれを指すということであった(それ以上の限定を特に施さないところが、この経済学が「○○学派」と大きく異なるところである)。そこで序章第2節において述べた循環的・累積的因果関係論の七つの特

徴を振り返ってみると、その一つ目「経済・社会体系における変化が、いっそう他から独立した、もしくはいっそうつよまりつつある変化を引き起こす」が正に進化経済学と重なっていることが分かる。循環的・累積的因果関係論において重く見られる収益逓増、外部性といったものもまたしかりである。ゆえに我々は、基本的な方向として、循環的・累積的因果関係論は進化経済学の大きなながれに棹さす一学説であると言ってよいと思われる。

（2）今日的意義、そして残された課題

　これまで探究してきた循環的・累積的因果関係論の今日的意義として、次のようなことが言えるであろう。まず第一に言うべきは、この考えは経済発展や貿易、さらには国際経済関係を論ずるにあたって大きなかぎを差し出してくれるものであるということである。カルドアにせよ、ミュルダールにせよ、循環的・累積的因果関係のながれを汲む多くの経済学者はこの考えを元にして貿易政策や開発政策を唱えた。おそらくこれがもっとも大事な点であろう。循環的・累積的因果関係の原理はほかにも、インフレーション、デフレーションといったものを説明するのに使うことも場合によっては可能であると思われる。たとえばデフレーションが（いろいろな可能性のうち）デフレ・ギャップによってもたらされていた場合、オーカンの法則からそれに比例して失業率も高いということになり、需要減退、さらなるデフレ・ギャップ拡大、さらなるデフレーションといった累積過程が起こることがありうる。また経済以外に、ミュルダールが分析して見せたような社会的な事柄――社会における何かの人為的現象、それを見聞きした人たちによる印象形成、それによる人為的現象のいっそうのつよまり――も循環的・累積的因果関係の考えで説明できる（すべき）ものとして掲げておきたい。

　ところでカルドアとミュルダールとは開発政策でまったく同じことを言ったわけではなかったが、これは、両者が開発政策において補い

あうことになるのか、それとも相容れないことになるのか、どちらであろうか。我々は両者の影響関係について細かいことを知りうる立場にはないため、実際に二人がこの主題について立ち入った議論を交わしたことがあったのかどうかは分からない。それはともかく、我々としては、カルドアの唱えたこと(二重の為替相場)とミュルダールの唱えたこと(第二級国際特化、道徳の二重標準、さらには社会構造を見据えた議論)とはたしかに補いあうことができるように思われる。

　最後に残された課題について触れておく。我々はこれまでカルドア、ミュルダールを材料としながら循環的・累積的因果関係の原理の重要性を見てきたわけであるが、あえて言うならば、二人が現実問題について発言したことがいつも正しかったわけではない。カルドアが唱えた成長の法則はその後たくさんの実証研究にさらされて普遍的なものとは言いがたいことがはっきりしてきているし、ミュルダールが望んだ国際的統合にしても、国民経済が超国家的な枠組みへと移ることで福祉国家における国民的統合すら崩れかかっている中、そのうちどうにかなるとはとても思えない状況である[33]。そういうわけでまずは、こういった点での不備をよく見定める必要があるであろう。そしてその上で、実際のさまざまな情況を分析しうるものへとこの原理をなお磨いてゆくことが、この先我々に求められていることであると考える。カルドアやミュルダールが均衡ということを軸に据えている主流派経済学からはなかなか出てこないような説明、解釈、そして政策まで打ち出すことができたのは、彼らの理念や経済観に加えて、循環的・累積的因果関係の原理があったからに外ならない。先人の紡いできたこの流れを、これからもしっかり受け継いでゆきたいものである。

注
1）カルドアはKaldor（1970b）やKaldor（1972b）やKaldor（1975）において、循環的・累積的因果関係論はもともとミュルダールの考えたものであると述べている。
2）二人が経済学者として歩んだ道を簡単に振り返ってみよう。カルドアは1908

終　章　カルドア、ミュルダールから現代へ

年生まれ（86年没）、ミュルダールは1889年生まれ（87年没）であった。両者とも、もともとは新古典派経済学者として研究を始め、そこで経済理論上の立派な成果をあげた。カルドアについてはKaldor（1939）が、ミュルダールについてはMyrdal（1939）が、その代表的産物である。ところが二人ともやがて新古典派経済学から抜け出し、カルドアはポスト・ケインズ派経済学者として、ミュルダールは制度派経済学者として多くの業績を残すことになった。しかも彼らは単に学術論文を書くだけの学者ではなかった。カルドアはLSEおよびケンブリッジ大学（特に後者）を、ミュルダールはストックホルム大学を研究生活の舞台としていたが、カルドアはヨーロッパ経済委員会の一部門の長に就いたり労働党政権での大蔵大臣の助言者になったりする中で積極的に政策提言を続けたし、ミュルダールも社会民主党政権で商務大臣を務めたりヨーロッパ経済委員会委員長を務めたり——カルドアを同委員会に呼んだのもミュルダールであった——しながら経済問題について発言を続けたのであった。彼らがそうした中で書いたたくさんの時事論説を見れば、二人とも現実と格闘する経済学者であったことが分かる。カルドアの主な業績は厚生経済学、成長理論、分配理論、景気循環論、租税政策、内生的貨幣供給論であり、ミュルダールの主な業績は貨幣的経済理論、経済学方法論、人種問題研究、低開発国論、福祉国家論、国際経済論であった。

3）Young（1928）を参照。
4）Myrdal（1939）を参照。ただし1939年というのは英語版の出た年であり、その原型はJ. M. ケインズの『雇用・利子および貨幣の一般理論』（1936年）よりも前、1931年にスウェーデン語で出ていた。
5）ちなみにカルドアは1933年にミュルダールの『貨幣的均衡論』を読んだことが知られている。Thirlwall（1991），p. 18を参照。
6）Kaldor（1966a）を見よ。
7）村上（1992a）および村上（1992b）を参照。「多相的な経済自由主義」とはつまり、（a）産業化の後発国は開発主義的政策をとって構わないけれども先発国は経済自由主義を守らねばならない、（b）内国民待遇を守るかぎりにおいて各国の経済制度にはそれぞれの個性があって良い、という考えのことである（村上　1992b、309ページを参照）。このうち（a）はミュルダールの言った「道徳の二重標準」とどこか似たものを思わせる。もっともそれは見かけ上のことであって、両者は中身においても根拠においても違っている。
8）Toner（1999）を見よ。
9）同じ大学に勤めていたから同じ学派というわけでもないであろうし、同じような学説を唱えていた場合でも、互いに影響関係がなければ必ずしも同じ学

派とは言えないように思われる。逆に、何らかの影響関係があったらそれだけで一つの学派としてまとめられるかというと、そうとも限らない。
10) 上村（1997）および磯谷（2004）を参照。
11) Toner（1999）の第5章および第6章を見よ。
12) トナーはカルドアが循環的・累積的因果関係の原理を用いて議論を繰り広げるときにあまり先達の業績に触れなかった点については不満を示しながらも、次の二点においてカルドアがすぐれていたことは率直に認めている。すなわち、（a）循環的・累積的因果関係の原理に有効需要の原理を繋ぐことによって、一国内だけでどこまでも工業を盛り上げてゆけるとした先達の経済発展論を乗り越え、（国際収支の制約にぶつからないためにも）輸出による発展がかならず必要になると唱えたところ、および（b）収益逓増がどこから起って経済構造にどういう影響を及ぼすかということについてはっきりさせた上で、成長の法則なるものを実証的に確かめうる形で打ち立てたところである。なお、カルドアが打ち立てた成長の法則をめぐって繰り広げられてきた論争については、Toner（1999）, p.205 にてまとめられている。
13) ただ気を配らねばならないのは、同じ分類に入ったからといって必ずしもその中で影響関係があったとはいえない点である。藤田による第一の分類と第三の分類とにミュルダールが入ること、そしてそこには影響関係があることは疑いを入れない。カルドアは循環的・累積的因果関係の原理を用いるに際してヤングやミュルダールの名を出しているし、ミュルダールの『貨幣的均衡論』はヴィクセルの不均衡累積過程論を批判的に作りなおしたものだからである。しかし第二の分類については話は簡単でない。Veblen（1898）においてヴェブレンは、経済が「自然法」によって見張られる中で目的としての根本的真理（もしくは絶対的な正常性）へと向かってゆくと考えるような経済学は分類学的であるとして批判し、思考習慣がどんどん変わってゆくのに伴って手段と目的とが変わりつづけ、それに応じて行為の主体である人間もまた変わってゆくというような経済生活の累積過程を扱う進化的観点こそが大事であると唱えたのであった。つまりヴェブレンがこだわったのは経済学の「ありかた」であり、現実社会に起きていることは均衡への動きというよりむしろ均衡から遠ざかる動きなのであるから後者の累積過程こそが探求されねばならないということをかなり強調したミュルダールとは、考えていたことがいくらか違っていたように思われる。また、藤田自身が藤田（2004）で Angresano（1997）におけるミュルダールへのインタビューを引きつつはっきりさせているように、ミュルダールは、自分がヴェブレンを含むアメリカ制度派経済学者（J.R. コモンズ、W.C. ミッチェル、C.E. エヤ

ァズ)から影響を受けたとは思っていない。さらにミュルダールは「わたしの思案において科学技術が重要な役割を演じたことは一度もなかった」(Angresano 1997, p. 160) とも述べている。A. G. グルーチーはGruchy (1972), pp. 15-18において、(ミュルダール、J. K. ガルブレイスなどの) 新制度派経済学者は主流派の理論を部分的に認めている点でヴェブレンとは違っているという重要な指摘も行っているものの、ミュルダール個人の姿勢がどういうものであったかということはあまり気に掛けていなかったように思われる。というのも、ミュルダールを扱った章をはじめとして、そのように言い切ることができるだろうかと戸惑いを感じる部分がいくつかあるからである。

14) ハーシュマンは、カルドアと同じく製造業に重きを置いた上で循環的・累積的因果関係論を用いた経済発展論をカルドアより前に繰り広げている。彼はHirschman (1958) において、低開発国はどの消費財産業も一遍に発展させられるほど資源や経営能力に富んでいるわけではないのでR. ヌルクセやT. シトフスキーの唱えたような均衡的成長は望むべくもなく、むしろ大きな外部性を産み出しうるような産業(製造業)に投資を導いてその連関効果(なかんずく後方連関効果)で累積的発展を成し遂げるべきであると唱えていた。このハーシュマンの不均斉的成長論がこれだけカルドアの所説と似た面を持っていながらカルドアの議論の中にハーシュマンの名を見つけることが難しいとなると、トナーがカルドアを咎めたくなるのもむべなるかなという感じである。

15) 藤田 (2004) を参照。

16) 第2章を参照。

17) Toner (1999), pp. 105, 159を参照。

18) ここには、市場分析を行ったカルドアと構造分析を行ったミュルダールとの違いが鮮やかに出ているように思われる。同じ循環的・累積的因果関係の原理を経済発展論のために使っていながらもここまでの違いが出てきてしまうのである。グルーチーは Gruchy (1972), pp. 333-335にて、ケインズ派と新制度派とはどちらも政治経済学と呼びうるものの、前者には後者のような進化的接近も学際的接近もないと述べていた。カルドアは進化的接近は行ったといえるが、学際的接近までは手が回らなかったようである。ちなみにトナーは、ミュルダールの構造分析にあまり触れずにすましている。

19) カルドアは1984年、それまでの経済学者としての活躍が認められて、ラファエル・マティオーリ講演(イタリア商業銀行がラファエル・マティオーリに敬意を表して催している講演)において話をすることとなった。題は「世界

155

経済における成長および停滞の原因」である。一方ミュルダールはその10年前、ノーベル経済学賞を授かった際に「世界の発展における平等の問題」という講演を行っていた。これら二人の講演は、いずれも国際経済について循環的・累積的因果関係の原理を用いつつ論陣を張ってきた中で行われたものであっただけに、そのころ彼らの心を捕らえていた大きな問題が何であったのかを象徴的に示しているように思われる。

20）以下、内生的成長理論の説明部分については、吉川（2000）の第3章を参考にした。
21）Rima（2004）の182ページを見よ。
22）Chandra and Sandilands（2005）の466ページを参照。
23）Chandra and Sandilands（2005）の468ページ、Sandilands（2000）の315ページを参照。
24）Sandilands（2000）の325ページを参照。
25）Currie（1997）の423ページを見よ。
26）Toner（1999）の167-168ページを見よ。
27）Toner（1999）の168ページを見よ。
28）吉川（2000）の第3章を参照。なおカルドアもこうした主題に興味を持ち、技術進歩関数というものによって「定型化された事実」を内生的に説明しようとした。これについては第3章で見たとおりである。
29）以下、戦略的貿易政策論の説明については冨浦（1995）の第1章から第4章を参考にした。
30）以下、進化経済学の説明については、西部（2005）を参考にした。
31）進化経済学とはこのような特徴を持つものであるため、主流派の余剰分析のように、経済のあるべき状態について理論の内側のみから何かを言うことはできない。よって、進化経済学を用いた分析において政策提言を行おうとすれば、基本的に別途特定の価値判断を持ち込む形になる。
32）進化経済学にはほかにもさまざまな学説がかかわっている。ポスト・ケインズ派の構造動学、ネオ・シュンペーター派の技術革新論、ネオ・オーストリア派の市場過程論などである。詳しくは井上（1999）を参照。なお、進化経済学をより広く構えた場合には、制度論（進化ゲームの理論、複雑系経済学など）も入ってくることになる。だがゲームの理論というのは、経済を含めたあらゆる人間の行動をこれで説明しようという、まさにミクロ経済理論そのものであるし、複雑系経済学にしても、進化生物学に範をとり均衡という考えを認めない立場もあれば、非線形物理学に範をとり均衡という考えをそれなりに認める立場もあるために、進化経済学がこれまで包み含むという

終　章　カルドア、ミュルダールから現代へ

　ふうにしてしまうとあまりにまとまりのないものになってしまうような気もする。
33) カルドアについては、どの製造業が伸びるかを政府がなぜ見抜けるのか、また民間企業がそれに従う保証はあるのか、という疑問も出しうる。たとえば三輪／ラムザイヤー（2002）では、日本の高度成長期における産業政策には何の利き目もなかったということが力説されている。

157

補　論　村上の費用逓減論と産業政策

1　はじめに

　20世紀も終わりにさしかかったころ、日本できわめて影響力の大きかった経済学者・村上泰亮が六十年と少しでこの世を去った。彼はもともと社会的選択の理論や経済体制論を研究していたものの、その後、日本社会の特質に関する研究、産業化の動態の考察などに取り組むようになり、永眠する一年前（1992年）には『反古典の政治経済学』と題する九百ページの書物を著すに至った。この書物では、それまで学界に瀰漫していた経済や政治の考え方についての批判が主として繰り広げられ、特に経済についていえば、自由貿易に任せておくだけで国際経済がうまく営まれるという考えにはっきりと異議が唱えられた。村上としてはさらに別の書物においてより積極的に新しい政治経済学のありかたを述べるはずであったが、彼の命はもはや長くなく、かなりの部分が仕上がっていた新著の原稿が没後、1994年に『反古典の政治経済学要綱』として出版される形となった。

　村上が村上 (1992a)、村上 (1992b) そして村上 (1994) で繰り広げた議論は実に壮大なものであり、経済、国際関係、宗教、哲学、歴史などさまざまな分野を巻き込みながら話を組み立てて21世紀への展望を示すという形になっていた。したがってそれは多くの点から議論する余地のある作品であると思われる。これまで、たとえば塩沢 (1997)、北村 (1997) で収益逓増についての理論上の関連で取り上げられたり、粕谷 (2006) であるべき社会科学論との係わりで取り上げられたりしてきた。今回行う取り組みにおいては、費用逓減論とそこから導かれる産業政策、さらにそれを踏まえた「多相的な経済自由主義」につい

て、彼と近い議論を繰り広げていたように思える経済学者たちの所説——動的な収益逓増を重視したN. カルドアの経済発展論、そして国民的統合に基づく国際的統合を唱えたK. G. ミュルダールの国際経済関係論——とくらべるという形で、事実上循環的・累積的因果関係論に則した仕事をしたといってよい村上の議論を検討してみることにしたい。

2 費用逓減から「多相的な経済自由主義」へ

(1) 費用逓減

　村上の『反古典の政治経済学』は、21世紀の世界において思想の自由主義を守るにはどうすればよいかということを問うた書物である。世界は多くの異なった文化を背負った人たちから成っているのであるから、どこかにただ一つの正義が掲げられていて全世界がそこに収斂してゆくような超越論的な発想をよして、それぞれが共約性を求めて相互理解を進めてゆくような解釈学的な発想をしてゆくことがそのための何よりの鍵であるとされている。しかしその中でもっとも中心的な論点といえば、新古典派経済学における費用逓増の仮定を退け、替わりに費用逓減を持ってきて議論の土台に据えたことであろう。全九百ページのうち、実に八十ページが「費用逓減の経済学」と題する第7章に当てられ、さらに七十ページがその考えの応用である「システムとしての開発主義」(第8章) に当てられている。

　彼がまず注目したのは、産業化(一人あたり産出ないし所得の持続的成長)は結局費用逓減を意味しているという点である。成長会計によれば、経済成長率のうち労働、資本の成長率で説明できる部分は半分にも満たない。このことから彼は、「産業化は費用逓減傾向を意味すると考えるのが、率直な経験的判断である」(村上 1992b、17ページ)と述べ、恒常的な技術革新こそが産業化の指標であるとも言った。また彼

補　論　村上の費用逓減論と産業政策

は、「従来の経済学の大半は、産業化の分析は資本主義の分析で事足りるとしてきたが、これは誤りである」(村上 1994、60ページ) と考えていた。というのも、「資本主義は一つの経済体制(システム)を示す非歴史的な概念であるのに対して、産業化は優れて歴史的な概念、歴史を区切る概念」(村上 1992a、266ページ) なのであって、新古典派やマルクス主義の非歴史的な枠組みでは「歴史現象としての産業化」(村上 1994、61ページ) は説明できないからである。私有財産制と市場取引とから成る資本主義自体は16世紀のイギリスですでに始まっていたのであり、それが「機械や無機エネルギーを大量に使用する工場制工業につなが」(村上 1992a、342ページ) ったのは、イギリスが絶対主義という名の開発主義を推し進めたからであったというわけである (開発主義については後述)。

　今の新古典派ではたいてい費用逓増が前提されているが、経済学史上で費用逓減が扱われたことはなかったのか——。こうして振り返ったときにひときわ輝いているのが、ケンブリッジ大学で最初の経済学の教授となったA. マーシャルであった。マーシャルはその主著『経済学原理』(1890年) において、収益逓増という現象をたびたび取り上げ、かなり積極的に扱っていたのである。たとえばマーシャルは次のように言っていた。

「……大まかに言って、生産において自然が演ずる役目は収益逓減の傾向を見せる一方で、人の演ずる役目は収益逓増の傾向を見せる。収益逓増の法則は次のように言い表して差し支えなかろう。労働、資本が増すとたいていの場合組織が改良されて、そのことによって労働、資本の作業能率がたかまる、と。
　ゆえに、原産物を作ることに携わっていない産業においてはふつう、労働、資本が増したら比例以上の収益がもたらされることになる。加えてこの改良された組織は、原産物をたくさん作ることに対して起きてくるかもしれない自然からの抵抗がどんなに大き

161

なものでも、それを少なくするか、あるいは圧倒さえしてしまう傾向がある。」(Marshall 1920, p. 318)

「……製造業のより精巧な部門の大部分——そこでは第一次製品の費用はたいしたものではない——、そして近代的な輸送産業の大部分においては、収益逓増の法則はほとんど妨げなく働く。」(Marshall 1920, p. 319)

マーシャルがこうしたことに気づいていたことを村上は高く評価している。村上は村上 (1994) において、技術革新によって費用逓減 (産業化) の進んでゆく動的な過程を、遺伝子の突然変異によって進化してゆく生物になぞらえて分析することを唱えるが、この生物学的接近もまたマーシャルの着想であった。[4] マーシャルのこうした問題意識は、費用逓減下にある近代的産業においてなぜ独占がはびこらずに競争が保たれているのかという謎 (マーシャルの問題) を生み、議論を呼んだ。そこから一度はJ. V. ロビンソンの『不完全競争の経済学』(1933年) やE. H. チェンバリンの『独占的競争の理論』(1933年) などが生まれたものの、その後こうしたことは忘れ去られ、費用逓増を当然のこととした新古典派理論が支配する時代が長く続いた。しかし村上にしてみれば、戦後の技術革新というのはもはやかつてのようにごくまれにしか起きないものではなく、基礎研究がすでに示された上での応用研究という形になっていて成果も連続的に生まれてくるといって差し支えないものになっており——企業がたくさんの研究開発投資を行っているのもその証しである——、マーシャルの時代のように費用逓減傾向を無視することは許されないことであった。

ここで村上は新古典派の生産 (費用) 関数を俎上に載せる。そして新古典派においては設備一定の「短期」と原材料のみならず設備も可変的である「長期」との区別を設けるが、企業が短期生産 (費用) 関数の上を動くことはあっても長期生産 (費用) 関数の上を動くことはないと指摘する。新古典派の「長期」は比較静学的な概念であってそ

こに時間の流れは入っておらず、たとえば生産量を一度増やして平均費用が下がったとしても、生産量がまた減れば費用は元に戻るということになっている。村上はこうした「長期生産（費用）関数」に代えて、「投資のタイミングや技術変化などの履歴を背負った形の概念、つまり数量・価格・時間の三次元上で定義された概念」（村上 1992b、23ページ）である「長期生産（費用）軌跡」を唱えた。

（2）開発主義

　そしてこうした逓減的な長期費用軌跡を前提したときに、彼の「開発主義」が出てくる。開発主義とは、企業、国などが動学的な費用逓減傾向を利用して打ち出す政策をさす。産業化の先発国とは違い、後発国の場合は用いるべき技術がすでに示されていることが多いので、費用逓減をより効果的に用いることができるというわけである。

　ところで費用逓減下においては、企業は供給量が多くなればなるほど利潤が多くなるので、つねに超過供給への圧力にさらされることになる。費用逓増的な新古典派の世界では利潤最大化のためにはある量までで作るのをよす必要があったが、費用逓減下では、供給量が多くなればなるほど生産性が上がって利潤が多くなるために、シェアーをできるかぎり上げることが何よりの目標となってくる。シェアーを上げるのが第一目標となると、生産性が上がるのに伴って価格を下げる誘因もたえず働くことになる。そこに開発競争、投資競争も加わる。そうすると、過当競争によるつぶし合いが起きてくる可能性がある。これが独占をもたらしたりすると新規参入の機会がはばまれてしまうことになりかねない。また、行き着く先の均衡状態しか見ない新古典派的な態度を捨てて過程を重く見てみるならば、過当競争の繰り広げられる中で多くの投資が無に帰す点やたくさんの失業者が生まれる点も無視できなくなる。したがって産業化の後発国としては、過当競争が起きない程度に費用逓減下の競争が行われている状態（多占）を保つように、いいかえれば、「重点産業における仕切られた競争」を目

指すように政策を施す必要が出てくる。これが「産業政策」である。産業政策とは単に成長しそうな産業を政府が定め、その産業を多占状態に保つことだけが目的ではない[5]。村上は言う。

「こうして、産業政策（やそれを補完する政策）では、これまで言われてきた幼稚産業政策、保護主義政策などの例外として許されてきた政府介入と比べると、単に介入範囲が広げられるというだけでなく、政策措置の次元も拡大しているのである。具体的には、技術開発政策、勤労誘因に配慮した分配政策、資本市場を実物経済に従わせる金融的行政措置などが登場してくる可能性が生まれてくる。」（村上 1994、191ページ）

ここで分配政策が必要な理由について少し立ち入って見ておこう。彼は結果の平等をうたう福祉国家的な分配政策には与しなかった。それでも、後発国にとっては「産業化への離陸のために必要なミニマムな政治的統合」（村上 1992b、67ページ）が欠かせないと考えていた。一国の中であまりに不平等が大きくなると恨みを持つ者が生まれてきて人びとの働く気力が萎えてくる恐れがあるからである。また彼はこれと並んで、経済発展を支える「高度大衆消費」を非常に大事なものと考えていた。なぜなら村上の説によれば、高度大衆消費というのは16世紀のイギリスを初めとして「すべての注目すべき経済発展期に見いだされ」（村上 1992b、111ページ）たものだったからである[6]。

さてこうした産業政策が後発国に向いているとして、そのとき、世界経済はどのような形で営まれるべきなのであろうか。ここで村上は変動為替相場に目をつける。というのも、「開発主義的な産業または国家は、少なくとも間欠的には輸出指向型（あるいは通商国家型）であり、しばしば常時輸出指向型である」（村上 1992b、179ページ）ので、主に先発国が中心となって国際通貨の値打ちを落ち着かせることなしには後発国の産業化はままならないからである。「国内の資金過剰→

資本輸出→為替相場の切り下がり→輸出増→経常収支黒字」という因果関係を考えるならば、「資本過剰国では、為替レートが経常収支均衡の水準に比べて安く、輸出に有利となり、資本不足国では、為替レートが高目で、輸出に不利となって」(村上 1992b、186ページ) しまう。つまり「変動為替レート制下の国際システムは、この意味での格差を持続させるメカニズムを内在させている」(村上 1992b、188ページ) である。

こうしたことが続くときに自由貿易にだけ任せていると、先発国と後発国との間で成長率、生産性、賃金の差はどんどん開いてゆく。そうならないようにするには、「費用逓減の利益を意識的に利用しようとする後発国が、すなわち開発主義国が数多く現れることが」(村上 1992b、196ページ) 欠かせない。そしてそれが滞りなく行われるためには、何より産業化の先発国からの技術移転が必要となる。『反古典の政治経済学』における村上の議論は実にさまざまな学問の成果を用いて繰り広げられているが、その中で鍵となるのは、やはり、技術なのである。

「上で述べてきた意味の『生産に関わる非古典派的分配』として、おそらく最も有効なのが『技術の移転』である。分配を生産活動に関わらせて分配を行うことに対する新古典派的批判は、分配を受けた産業がその非効率性を温存するだろうというところにある。しかし、新技術は明らかに効率向上への強い誘因を与えるものであって、技術移転という『分配』が行われても効率性を低めることはありえない。後発国が開発主義的体制の下で移転された技術を消化していけば、効率性の高まりは著しいだろう。技術移転の制度化は、今後の状況の下で、国際公共財として最初に追加さるべきものである。[7]」(村上 1992b、200ページ)

公共財とは何か。これは「共同使用可能性」であるとか「使用排除

不可能性」であるとかいった概念で機械的に導かれるものではなく、「その社会を持続させるために最小限必要な制度基盤である」(村上 1992b年、192ページ)。今の文脈で言えば、費用逓減が支配する中、どの国にも機会の平等を保障することで世界の経済システムを存立させる国際公共財として技術移転（および安定した国際通貨システム）はなくてはならない、という話である[8]。そしてそうしたものを支度すると同時に、過当競争を防いで多占を保つために必要となるのが世界的な産業政策である。つまり、「世界的にみた重点産業については、国際的な指示計画、国際的な輸出価格切り下げについてのスケジューリングの合意が必要になる」(村上 1992b、216ページ)。

（3）多相的な経済自由主義

　費用逓増を前提にしていた場合には、古典的な経済自由主義——これは世界政府を必要としない——にのっとるだけで世界的な調和が図ることができた。しかし費用逓減（産業化）の進む現実において、この古典的自由主義だけで世界経済を律するのは不適当になってしまった。経済の格差が広がる一方だからである。格差がどこまでも広がるようでは、「先発国に対する後発国の個別的軍事行動が発生し、それが反乱的連帯に結びつく可能性もある」(村上 1992b、196ページ) し、「他方では、地球規模の公害問題、資源問題、人口爆発問題に対する後発国の非協力という形で、世界システムの存立が脅かされる可能性もある」(村上 1992b、196ページ)。だからといって開発主義を世界経済のルールにすることはできない。なんとなれば、「世界政府が現に存在しない以上、国際的な価格切り下げ競争・投資競争を抑制する方法がないし、国家間、あるいは国境を横断した産業間の格差拡大を調整する国際的分配政策がありえないからである」(村上 1992b、307–308ページ)。そこで村上は、次に示すような「多相的な経済自由主義」のルールを打ち出すに至る。

補論　村上の費用逓減論と産業政策

「Ⅰ、産業先進国は、経済的自由主義を採用し開発主義を捨てるべきである。その最大の理由は、開発主義を国際経済の普遍的ルールとするのは、世界政府の存在を仮定することに等しいからである。

Ⅱ、後発国には開発主義を公認し、特に技術の移転を円滑に進めなければならない。その際の鍵は特許権の緩和である。ただし、後発国待遇については日没ルールが明確に規定されなければならない。

Ⅲ、各国の市場制度にはある程度の個性を認めなければならない。ただし、そのような国内的ルールに従うかぎり、国外からの参入は例外なく認められ、内国民待遇を与えられなければならない。」
（村上 1992b、309ページ）

　以上見てきた村上の議論において何より大事なのは、国際システムになるべく波風が立たず秩序が保たれるような仕組みを考えることであった。彼にとっては、「今なお残る経済開発のリスクという観念の障壁を越えて、世界の市場経済に参加する機会が平等に開かれることが原則であって、世界の所得を平等化する、といった目標は無意味」（村上 1992b、208ページ）であった。後発国の開発主義を彼が肯んずるべしとしたのは「温情主義的な、あるいは人道主義的な『結果の平等』のためにではなく、世界システムの維持のために必要」（村上 1992b、299ページ）だったからにすぎない。彼の『反古典の政治経済学』はこうした経済面での提案と、国際関係面での提案（重複によって共通する屋根）とが絡み合ったものとなっており、本当ならそこまで含めた全体像を見るべきであろう[9]。ただこの取り組みで扱う範囲の関係上、費用逓減から「多相的な経済自由主義」が導かれてくるまでの論理を中心として抜き出して述べてきた。

3 村上の議論の特質

 上で見てきた村上の議論は、循環的・累積的因果関係論という考えを用いながら国際経済を説明し、さらに政策を唱えてきたカルドアやミュルダールの議論を思わせるところがある。そこでこの節では、村上がカルドア、ミュルダールとどういった点で近く、どういった点で違っているかということについて調べることにより、彼の理論、政策やその後ろにある理念について理解をふかめる。

(1) カルドアとの比較において

 まずは、目のつけどころが比較的近かったカルドアの議論とくらべてみたい。カルドアにおける動的な収益逓増とは、単なる規模の経済性のことではなく、「熟練および実際的知識の発展や、考えおよび経験がたやすく伝達できるような機会や、常に強まりながら過程が分化したり人間活動を専門化したりする機会、といったように、工業それ自身が成長することで生まれてくる累積的長所」(Kaldor 1970b, p. 143)のことであった。カルドアはこうした考えをA. スミスやA. A. ヤングから学んだとしていた。これに対し村上はただ一人マーシャルを高く持ち上げ、スミスについては「『分業の進行』というワンパターンで技術の進歩を考えていた」(村上 1992b、56ページ) と述べるにとどまった。ヤング、カルドアについては名前すら出していない[10]。現代製造業の一般的傾向に目をつけた点ではカルドアも村上も同じであったが、分業、特化による生産性上昇を唱えたカルドアに対し、「長期費用軌跡」を取り入れて技術革新や研究開発投資の性質を論じた村上のほうがより踏み込んだ議論を繰り広げていた。

 次に、動的な過程がどのように説明されていたかというのを見てみると、カルドアは、製造業における収益逓増と (その産業にとっての) 外的な需要との間に働く循環的・累積的因果関係によっていた[11]。また、その過程において製造業が地理的に集中してきて地域ごとの成長の片

168

寄りがもたらされること（分裂効果）もカルドアは指摘していた[12]。これに対し、村上は企業の最適化行動（シェアー最大化）から応用技術への研究開発投資（および価格引き下げ）が起きてきて、それによって費用逓減が引き起こされることを重視していた。同時に、この費用逓減は企業間の潰しあい（およびそれに伴う独占、埋没費用、失業など）を引き起こしかねないことも指摘した。これはこれで「長期費用軌跡」を用いた動的な過程の説明として一貫しているのであるが、問題は、費用逓減によって利潤が増したのに応じてその企業の投資も増すのかどうかが不明な点である。研究開発投資によって費用逓減がもたらされるのがはっきりしているなら、利潤が増えたのに応じて可能なかぎり投資を増やすということが論理的には導かれそうである。しかし村上はその因果関係にはっきり触れることはなかった。

　自由貿易批判についてはどうか。カルドアにせよ村上にせよ、自由貿易さえ守っていればどの国も望ましい状態に向かってゆくというふうには考えていなかった。カルドアについて見ると、農業に特化した国には動的な収益逓増が働く余地がないこと、あるいは先進国同士でも、大きな海外市場を持ち成長している国としからざる国とで貿易すれば市場の拡大と生産性上昇との間の循環的・累積的因果関係によって有利・不利の開きがいっそう大きくなってしまうことから自由貿易批判を行ったのであった。ただし彼は自身をスミスの流れに置いていたこともあり、（製造業間での）国際分業と特化とがうまく進んでゆくならば自由貿易の良い面が生かせると言うこともまた忘れなかった[13]。これに対して村上が自由貿易では駄目だと言ったのは、産業化の後発国が先発国と自由貿易を行うだけでは費用逓減をものにする機会がいつまでも訪れないことになりかねないと考えたからであった。村上も自由貿易がいっさいいけないと思っていたわけではなく、後発国のことも考えた「多相的な経済自由主義」を打ち出すという形でこれまでの経済自由主義を乗り越えることをねらっていた。

　必ずしも自由貿易に任せるだけでは駄目ということになると、収益

逓増を生かす政策が必要になる。カルドアが考え出した二重の為替相場政策というのは各国が特定の製造業で動的な収益逓増を生かせるよう工夫されたものであり、発展が進むにつれて二つの為替相場の差がひとりでに縮んでゆくことが期待されていた。[14] 村上の場合は、後発国において費用逓減を生かした開発主義がより能率的に成し遂げられるよう、先発国から技術移転をどんどん進めること（および国際通貨の値打ちを落ち着かせること）が国際公共財として期待されていた。後発国におけるこの開発主義的政策は、行政が経済に介入する仕組みを最後にどうやって終わらせるかという難問を抱えていた。ただ二人の政策において、輸出に基づく発展のために政府が特定の製造産業をよるという点はまったく同じであったと言ってよい。それでも、村上のほうが政策の負の面にも敏感であったと言えるかもしれない。基本的に輸出主導政策でうまくいくと考えていたカルドアとは違い、村上は（a）国内における階級間の緊張を和らげることの必要性、（b）大衆需要が国内で起きることの必要性、そして（c）その国の中で産業が多占状態を保つことの必要性まで唱えていたからである。

　最後に、動的な費用逓減傾向を意識した政策によって両者が目指していたものは何だったのか確かめておこう。文献から見るかぎり、カルドアはどの国もある製造業に特化することでそれぞれに便益が受けられるようになること、そしてそれによって世界全体の成長が成し遂げられるということまでしか考えていなかった。[15] 一方村上は、製造業における費用逓減ということを中心に置いた上で、開発主義、国際公共財、多相的な経済自由主義というふうに話を体系化していった。さらにそこに国際政治に関する「重複によって共通する屋根」を加えた上で、解釈学的な相互理解によってしかこの先思想の自由主義は守ってゆけないというトータルな議論にまでたどり着いた。あとカルドアはけっしてイギリスのことしか考えないわけではなかったとはいえ、やはり、イギリス経済がどうなるかという点からものを見ていたことも否定できない。これとくらべると、村上は国民国家すら相対化した

上で、どこかの国の視点からではなく、あくまで国際システムのありかたという点のみから議論を進めていたように思える（日本の官僚制や株式持ち合い、文化受容の型などを弁護するような議論も出てくるけれども）。そこにおいて彼は、それぞれの国の抱えてきた文化の多様性を認めることの大切さもまた強調したのであった。

（2）ミュルダールとの比較において

ここからはミュルダールと比べる中で村上の特徴を見てゆく。まず、費用逓減といった技術要因について両者がどういう構えでいたかというところからくらべてみよう。ミュルダールはあるインタビューにおいて、「わたしの思案において科学技術が重要な役割を演じたことは一度もなかった」（Angresano 1997, p.160）と言っており、動的な費用逓減が『反古典の政治経済学』の中心概念となっていた村上と著しい対照をなしている。

このことは後発国の産業化がどうすればうまくいくかという話ともつながってくる。ミュルダールは『国際経済』（1956年）では所得弾性値、価格弾性値が大きくて需要の伸びる輸出品を作ることを唱えたり低開発国同士で工業品を安く売り合うこと（第二級国際特化）を唱えたり輸入制限の重要性を唱えたりしていたが、『アジアのドラマ』（1968年）では制度面に力点が移り、産出高および所得、生産の諸条件、生活水準といったものだけを操っても駄目であって生活や仕事への態度、制度といった非経済的要因まで含めた因果関係を俎上に載せねば累積的上方運動はうまく働かないと言うようになった。そしてそこから教育改革、人口政策を含む社会改良等が出てきた。ミュルダールは経済的要因だけでなく非経済的要因まで含めて問題を分析することが大切であると指摘したのは確かであるけれども、非経済的要因のほうが経済的要因よりいかなる問題においても大事であるとまでは言っていなかったはずである。ただ、『アジアのドラマ』や『貧困からの挑戦』（1970年）で事実上非経済的要因に重きが置かれているという意味では、

ミュルダールは（少なくとも南アジアの開発問題について）「〔K. H.〕マルクスの唯物史観とは逆の因果関係を重視」（藤田 2007、129ページ）したといえるのかもしれない。ここには、彼が技術の問題にあまり関心を払わなかったことも与っているものと思われる[16]。翻って、歴史現象としての産業化の来し方、行く末に並々ならぬ関心を払っていた村上の場合、とにかく後発国が開発主義に則って費用逓減を享受できるようにすることが大事と考えており、国際公共財としての技術移転もそのために唱えられたのであった。たしかに村上も開発主義がうまくいくために必要な国内政策として、経済に関するもの以外に教育や行政に関するものまで打ち出してはいる。しかしどう見てもその中心にあるのは技術である。村上の『反古典の政治経済学』においては産業化の話と（国際）政治の話とがいちおう独立して進められており、生産力が生産関係を規定し、そうしたものに対応した上部構造が現れてくるという唯物史観的な構造になっているわけではない。それでも技術革新は社会を変えるという視点がほとんど全編を貫く強力なメッセージとなっていることは否定しえないであろう[17]。ちなみに、後発国の産業化に民主化が先立つ必要はないという点については、ミュルダールも村上も共通していた[18]。

　次に国際経済関係の話に移ろう。ミュルダールも村上も、国際経済は放っておくと格差が広がってゆく一方だと考えていた。それはミュルダールにおいては、福祉国家において国民的統合（機会の平等）と経済進歩とが循環的・累積的因果関係の中で成し遂げられてゆくのと並行して世界規模では国際的分裂が進み、低開発国では波及効果よりもはるかに大きな逆流効果にさらされてしまうことによるのであった[19]。一方、村上が目をつけたのはやはり技術的な話であり、先発国からの技術移転が進まないせいで（もしくは資金が足りないせいで）能率の悪い設備でものを作らざるをえないような国は、よし自由貿易に入っていったとしても先発国に伍することなどできるはずもない、というふうにして格差拡大を説明していた。

補　論　村上の費用逓減論と産業政策

　では世界規模で格差が広がらないようにするにはどうすればよいのであろうか。これに対する二人の提案は、かなり近いものであるように見える。というのも、ミュルダールが打ち出した「国際貿易における道徳の二重標準」(Myrdal 1956, p. 292) も村上の打ち出した「多相的な経済自由主義」も共に、先発国と後発国とでは異なった決まりを適用することを認めるべし、ということをうたったものであるからである。たしかにその点では両者の言い分は似通っているし、先発国についての提言部分（国民経済を優先せず、基本的に経済を自由化する）もほとんど同じといってよい。ただ後発国について言っていることは違う。ミュルダールは、低開発諸国には国民経済を基礎に互いに協力することを認めるべしということを言ったのであったが、村上が後発国に認めるべしとしたのは費用逓減を生かすための開発主義であった。

　最後に、彼らはどうして国際経済における格差を望ましくないものと捉えたのかについて考えよう。ミュルダールは国民的統合を土台にした国際的統合をめざしていた[20]。国民的統合とはその国における機会の平等のことであり、国際的統合とは「より大きな機会の平等を世界のあらゆる国民に実現する」(Myrdal 1956, p. 335) ことであった。彼は次のように言っている。

> 「顔の特徴、肌の色、宗教、民俗、文化的伝統において異なっている非常に大勢の国民を抱えたこれらの恵まれていない国々が、おしなべて機会の平等に上り詰めたときにのみ、世界は統合されるであろう。」(Myrdal 1956, p. 320)

　国際経済の格差が広がってゆくのはこうした理念から遠ざかることに他ならない。だからミュルダールは分極化を止めねばならないと考えたのであった。

　では村上が分極化をよしとしなかったのはどうしてか。それは、格差が開きすぎたことに辛抱できなくなった後発国が軍事行動に出たり、

環境問題、資源問題、人口問題への取り組みに協力しなくなったりすると世界システムが脅かされることになるからであった。そのようなことを前もって防ぎ、自由主義的な世界秩序を保つためにこそ、後発国には開発主義を認めねばならない——これが村上の提言であった[21]。彼はこのことについて、機会の平等のためにこそ必要なのだとはっきり言っていた。

　さてこの村上の「機会の平等」は、ミュルダールがめざしていた「機会の平等」と同じものと思ってよいのであろうか。たしかにミュルダールも村上も放っておけば国際的な格差が広がると考えた点では同じであったし、あまつさえ、村上の所説の中には産業化する国における政治的統合の必要性の話まで出てきたわけで、これなどミュルダールの「国民的統合」を思わせる表現であった。技術的要因をほとんど見ないミュルダールと大へん重視する村上とは産業化に際して経済・社会がたどる道筋について正反対の見解を持っていたわけであるが、国際経済の分極化を避けるための理念においては（手だてに違いはありながらも）いくぶん似通ったものとなり、国際経済で成し遂げたいと考えていたものに至っては両者とも機会の平等であったのである。西側諸国の複製を目指すのでなく、それぞれの国が歴史的に育んだ文化を大事にすべしということをミュルダールは『国際経済』にて言っているが、この点でもまた、固有の文化を残しながらの共約性を求めた村上と重なっているのである。それなのに、『反古典の政治経済学』の中でミュルダールの名はいかなる形でも出てくることはなかった[22]。

　実のところ、機会の平等といってもそれはいくらかあやふやな概念であって、ここに、両者の考えていた「機会の平等」が違ったものである可能性が出てくる。そこで我々はさらに、機会の平等との係わりで彼らが「民主主義」をどう捉えていたのか見てみることにする。ミュルダールは『国際経済』において、「政府の民主的な形に辿り着き、それを保つことが望ましい」（Myrdal 1956, p. 15）という価値前提を置いていた。「今なお政治的民主主義をぜひ手に入れたいと思っている

低開発諸国は、自分たちの選った手立てを堅く守るためにも、とにかく適切な経済進歩と国民的統合とを必要とする」(Myrdal 1956, p.160)と言っていることからしても、ミュルダールは民主主義と機会の平等とを密接に関連したものと考えていたのではないかと思われる。ミュルダールがいかに民主主義を大事に思っていたかは、次の引用からもよくうかがわれる。

「民主主義的な決まりの下でのみ、人々の心の奥底での努力は守られ、自由、平等、同胞愛、それゆえの平和、つまり『自由世界』なる遠い目標に達するための礎は築かれるであろう——これが我々の信念である。民主主義についてだけは、西側文明で受け継がれた価値基準を代表し、我々は自民族中心主義である。」(Myrdal 1956, p.176)

他方で村上の民主主義観はこのようなものではなかった。彼は、民主主義はある状況（少数派に機会の平等が与えられていない場合）では自由主義と重なるものの、言論、討論がないがしろにされている状況においてはたんに多数決で物事を決めるための手段にすぎなくなってしまうと考えていた。やや長いが、村上自身の言葉を聞いてみよう。

「自分の世界風景を作り直し、その意味で自己言及的に反省し、世界を再解釈することが、自由を重んじることの意味である。他の意見にであい、自分に欠けている点に思いいたるとき、そのときに人間は人間としての価値を取り戻す。多数決制は、言論が本質的な役割を果たすときに始めて自由主義的となる。民主主義が、言論を副次的なものとみる『メカニカルな多数決制』になってしまえば、自由主義と民主主義とは対立概念になる。実はリベラル・デモクラシー（議会民主政）は、このような対立の可能性をはらんでいるという意味で妥協以上のものではない。そのことは、機会

の平等と結果の平等の対立に象徴される。既に述べたように、メカニカルな多数決制は結果の平等のための道具に転化する。自由主義は機会の平等を認めるけれども、結果の平等にはかかわりがない。結果の平等を拒否するわけではないが、関心がないのである。」(村上 1992b、435ページ)

ここに至ってようやく、両者の「機会の平等」が違った意味あいを持ったものであることがわかってきたように思う。ミュルダールが民主主義と機会の平等とを非常に近いものと考えていたのに対し、村上は民主主義はことによると機会の平等を脅かしかねないものととらえていたのである[23]。村上が一貫して価値を置いた機会の平等とはどこまでも(思想の)自由主義のことであった。

4 結 び

これまで見てきたことを踏まえながら、村上の議論についてまとめてみよう。

村上の『反古典の政治経済学』(および『反古典の政治経済学要綱』)でもっとも中心にあったのは、製造業で働く動的な費用逓減であった。彼はそれを元に、自由貿易では先発国と後発国との格差が開くばかりだと喝破し、後発国ではむしろ政府が特定の産業を選って開発主義に打って出ることが必要であると唱えたのであった。そしてそれがうまくいくための制度としての国際公共財、さらに開発主義を認める枠組みとしての「多相的な経済自由主義」へと話を膨らましていったのであった。機会の平等がその枠組みによってあまねく保証されることで国際システムの秩序が保たれる——これが、村上の希っていたことであった。

面白いのは、この話の前半部分(費用逓減から開発主義を導くところ)がカルドアに重なっていて、後半部分(多相的な経済自由主義によって機

会の平等を為し遂げようとするところ) がミュルダールに重なっている点である。もちろん前節において見たごとく、違っている点はあちらこちらに大小含めてあるのであるが、議論のいわば入口部分 (費用逓減) でカルドアと同じような主題を扱い、出口部分 (機会の平等) でミュルダールと同じような主題を扱っているのはなんとも興味ぶかい。しかも費用逓減も機会の平等も、『反古典の政治経済学』の必須要素なのである。

　三者全員に共通していた点もある。村上はカルドアやミュルダールと同じく、優れた新古典派経済学者として研究生活をスタートさせた過去を持ちながら、新古典派の静的な貿易論をはっきりと否定し、自由貿易は国際経済の不平等をどんどん甚だしくするものであるから適切な政策によってそうならない方向へ持ってゆかねばならないと言い切ったのであった。

　ただやはり我々にとって不思議でならないのは、これだけ関連があることを論じていながら、村上がカルドアにもミュルダールにも一度も触れなかったことである。経済を初めとして、国際政治、哲学、歴史など、夥しい数の文献を自由に参照して書かれたものであるにもかかわらず、九百ページの書物のどこにも——注の中にすら——二人の名前が登場しないのは、不思議としか言いようがない。カルドアやミュルダールの用いた重要概念「循環的・累積的因果関係」にしても、言葉としては出てこないのである。村上はこの概念のことを知らなかったのであろうか。

　村上は国際経済を語るに際して、「先進国」「途上国」といった区分けでもなく、「福祉国家」「低開発国」といった区分けでもなく、(産業化の)「先発国」「後発国」という区分けを好んで用いた。彼が歴史現象としての産業化を重く見たことがここからもわかる。「技術変化のダイナミックスの導入は、国家についての分類も変える」(村上 1992a、180ページ) ということであった。たしかに彼は「循環的・累積的因果関係」を意識していなかったかもしれない。それでも事実上、彼はこ

の流れを担って一つの仕事をしたのであった。

注
1) 村上は、日本は8、9世紀における仮名の発明から戦後の日本的経営に至るまで、つねに伝統的なものを残しながら新しいものを受け入れるという形を採ってきており、これこそ正に解釈学的なやり方であると言っている。村上（1992b）の525－526ページを参照。
2) こうした考えは、すでに村上（1984）において見られる。そこでは一つの節を割いて費用逓減の果たす役割がこまかく述べられている。
3) 村上（1992a）の347－348ページを見よ。
4) 費用逓減の経済学を繰り広げるに際して、村上がもう一人特別に触れているのがJ. A. シュンペーターである。よく知られているように、シュンペーターは『経済発展の理論』（1912年）において、M. E. L. ワルラスの静態的な一般均衡理論を乗り越え、「新結合」に基づく動態的な発展理論を打ち出した。シュンペーターは『理論経済学の本質と主要内容』（1908年）でマーシャルの「自然は飛躍せず」という考え方に批判的に触れており、新結合によって不連続的に経済が発展してゆく姿こそ資本主義の動態であると考えていたことがうかがえる。ただ、遺伝子のことがわかってきた今となっては、生物学の考えを借りてきて進化論的に経済の動態を考える——そこでは、生物界における遺伝子に対応するものとして「文化子」なるものが登場する——というやり方のほうがシュンペーターの発展理論よりも無理なく体系的に技術の問題を扱えるという村上の見方にも一理あるように思われる。村上がシュンペーターよりもマーシャルを高く評価したゆえんである。
　なお、経済の動態の捉え方およびあるべき企業者像という二点において、シュンペーターがマーシャルをいかに乗り越えたかという点については根井（1986）を、マーシャルの動態論については井上（1993）を、それぞれ参照のこと。
5) より細かく言うと、次の四つが産業政策の中身である。村上（1992b）の91－93ページを参照。
　（a）重点産業の指定……費用逓減産業を捜す。
　（b）産業別指示計画……産業内で情報を共有させ、予測の同質化を計る。
　（c）技術進歩の促進……研究開発投資へ補助金を出したり税を負けたりすることで、費用逓減を保つ。
　（d）価格の過当競争の規制……政府公認の価格カルテルを設ける。たとえば、平均費用軌跡に沿って値下げをするよう促す。

補　論　村上の費用逓減論と産業政策

6）開発主義を支えるのは主としてこの産業政策、分配政策である。但し彼はほかにも、開発主義に共通する政策として、資本主義原則、輸出振興政策、中小企業育成政策、農民に対する平等化政策、教育政策、公平で有能でネポティズムを超えた近代的官僚制、といったものも挙げている。村上（1992b）の100-125ページを見よ。開発主義は行政による経済への介入を認めるものであるため、発展が済んだ後には役人からそうした権限を取り払う必要が出てくる。しかしこれは前もって「日没ルール」として決めておかないかぎりまずうまくいかない。官僚制にまで話が及ぶのはそのためである。ちなみに村上は、日本では11、12世紀ごろから非儒教的な業績志向のイエ組織（武士）が出来てきて、これが後に日本の官僚制、企業を生み出すのに役立ったとの見方を示している。Murakami（1984）を参照。
7）村上は、ちょうど雁行形態のように先発国から後発国へと技術が受け継がれてゆくのが望ましいと考えていた。村上（1992b）、345-346ページを参照。
8）村上は村上（1992b）の202、299ページで環境保全技術の無償移転にも触れており、こうしたことが行われれば地球環境保全という外部効果も出てきて二重の意味で国際公共財と呼びうると言っている。なるべく炭酸ガスを出さないようにとの掛け声の下、進んだ技術を積極的に移転することが説かれている今日の状況を先取りしたような話である。
9）「重複によって共通する屋根」とは、大国が複数の地域的安全保障同盟に加わるようにすべしという考えのことを指す。村上（1992b）の274-275ページを参照。
10）P. トナーはToner（1999）において、カルドアが循環的・累積的因果関係論を用いて経済発展を論じた際、カルドアと同じような考え方をしていたA. O. ハーシュマンにろくに触れなかったことが解せないとしている。これと同じことが村上にも言える。村上は費用逓減を唱えた代表的な経済学者としてほとんどマーシャルしかあげていない。しかし彼が『反古典の政治経済学』を書いたころにはカルドアの業績がすでに出ていたはずである。なぜ、費用逓減から経済発展論を唱えた最近の学者としてカルドアの名を出すことをしなかったのだろうか。
11）Kaldor（1977）などを参照。
12）Kaldor（1969）、Kaldor（1996）を参照。
13）Kaldor（1966a）、Kaldor（1974）、Kaldor（1978c）、Kaldor（1985）などを参照。
14）Kaldor（1964a）、Kaldor（1977）、Kaldor（1983）などを見よ。
15）Kaldor（1966a）、Kaldor（1996）などを参照。

179

16) もちろんミュルダールが技術の問題にまったく見向きもしなかったというのは正しくない。たとえばMyrdal (1956) の218-219ページでは技術移転の重要性が論ぜられている。ただ、あらためて言うまでもなく、「いろいろなことを述べている中でその点にも触れた」というのと、「議論の中心に置いてあった」のとは同じでない。

17) もっとも村上は、こうした見方を絶対視していたわけでもない。21世紀に訪れる「情報化」について村上 (1992b) の中で次のように言っていたことに注意せよ。
「情報を含む多くの財サービスに現われるだろう製品の差別化、金融活動にみられるだろう証券化等々の現象は、これまでの理解での市場を変え、一種のネットワーク化ともいうべき傾向を示している。ここでは、従来の新古典派的（一般均衡論的）枠組は無効となり、市場毎の費用逓減現象を論じる意味も減じていく。差別化された（従来の言い方では独占的）市場を結節点とした網の目が現われ、経済的交換と社会的（政治的を含む）交換の差は不分明となり、今は限界的存在と思われている市場（とくにたとえば金融市場）を先駆けとして、経済と政治のシステム的再構成が起こることになろう。これが手段的情報化を支えとしたスーパー産業化の世界であるとすれば、同質的市場を念頭において定義されてきた『技術』、それに対処するものとしての『開発主義』は大きく役割を狭めるだろう。技術主義＝開発主義は、二十一世紀への単なる端境期の現象だったということになるに違いない。」(456-457ページ)

18) Myrdal (1968) の第3章、村上 (1992a) の第6章を参照。

19) Myrdal (1957) を参照。

20) 国際的統合についてはMyrdal (1956)、Myrdal (1960) を参照。

21) なお村上は望ましい国際システムの決まりについては語ったものの、ヨーロッパ連合（EU）のような経済統合のよしあしについてはあまり論ぜなかった。彼の場合、国際政治の面から「重複によって共通する屋根」をめざしていたからである。

22) まさかミュルダールの国際経済論を村上がまるっきり知らなかったわけではあるまい。村上がかつて方法論について書いたもの——村上 (1975) の第2部を見よ——の中でミュルダールに何度も触れていたことを思えば、『反古典の政治経済学』でいっさい言及がなかったのはなんとも不思議な話である。

23) 上の引用に続く部分で村上は、ナチズムや共産主義も民主主義から出たのだと言っている。

あとがき

　わたしは経済学者としての矜持と責任感とをもって社会の負託に応えてゆくという夢を持っています。これまで、その夢に向けて研究に取り組んでまいりました。大学院に入ってからずっと抱いてきた問題意識は、「経済学は現実にこたえうるか」「社会の現実と経済学」というものです。

　わたしがこうした問題意識を持っているのには、そもそもなぜ経済学者になりたいと思ったのかということが大きくあずかっています。わたしがまだ学部学生だったころ、伊東光晴教授、宇沢弘文教授といった泰斗の考えから大きな影響を受ける機会がありました。両教授は、みずからさまざまな現実問題と格闘する一方で、経済社会の現実が投げかける生々しい問題は主流派経済学では満足に扱えないということを強調されていました。わたしはそうした考えに触れる中で、できることなら自分も経済学者となって経済学の研究を行い、ひいては社会のために生きたいと思うに至ったのでした。

　さてそのようにして進んだ大学院ではもちろん経済学を専攻していたわけですが、わたしは自分の専門が狭くなってしまうのがいやで、教養（自分でものを考えるための潜在力）を高めるべく、ほかにもいろいろな分野について学ぶようにしてきました。そのお陰でしょうか、大学院に入ってからもわたしにはさらに新しい発見や新しい出会いが待っていました。すなわち、社会の中で起こってくる新しい問題にそれまでの社会科学で対処できなくなったとき学者の苦闘の中から新しい学問——境界領域科学——が生まれてくること、そしてそうした学問の草分けとして、黒沢一清教授、一番ヶ瀬康子教授といった碩学のいらっしゃることを知ったのです。先の伊東教授、宇沢教授にしても、この黒沢教授、一番ヶ瀬教授にしても、どれほど名高くなられても学者の本分を忘れずに社会のために努力しておられる、本当にすばらしい先生方だと思います。学問は現実の役に立たねば意味がないとの信

念の下、つねに市民の立場から探究を進めてこられたこれら四人の先生方をわたしは大へん敬っており、今でもよく書物を読み返したり講演を聞きにいったりしています。わたし自身は学問的にまだまったくの駆け出しにすぎませんけれども、先生方の目指しておられたものを胸に秘め、これからの人生を歩んでゆきたいと考えている次第です。

　この先もうち続く道を進んでゆくに際しては、自分の考えが独り善がりな方に向かうことのないよう、「まずは自己を批判することに真剣であれ」「理想を貫くためには現実主義者であれ」ということをいつも心掛けてゆこうと念じています。

　わたしの研究を根っこで支えてきたのはこうした思いであるわけですが、そのような思いさえあればすらすらと筆が進むかというと、そういうものでもありません。実際にこうして博士論文、さらに本書をまとめるまでには、さまざまな方のご厄介になってきました。

　学部時代にご指導いただいた永田良先生は、わたしがやや遅めの時期に大学院に進みたいと言い出したにもかかわらず、すぐさまそのための推薦書を書いてくださいました。修士課程でご厄介になった美濃口武雄先生は、問題意識先行で大学院に入ったわたしを寛容に受け入れ、そのつたない報告にいつもしっかりと耳を傾けてくださいました。そして進んだ博士課程においても、わたしは良き先生方に薫陶されました。福田泰雄先生は理論と現実との緊張関係をつねに重視しつつ経済のすべての分野について関心を持って日々ご研究を進めておられる方で、その厳しい姿勢から学ばされることが多々ありました。松原隆一郎先生は経済学に止まらず社会諸科学間のかかわりまで突き詰めた上で現実を解き明かそうとされている方で、これはぜひ見習わねばならない姿勢であるとつねづね思わされたものでした。現実を扱いながらも時流に乗ることなく、自らの問題意識を徹底的に追究する――こうした両先生方の姿勢に、わたしは経済学のあるべき姿を見た思いがしました。両先生方からはまた、人に読みたいと思われるような意味のある研究をすることが大事であると常日ごろ諭されるとともに、文

あとがき

の書き方ということについてもいろいろなことを学ばせていただきました。わたしがどうにか博士論文を仕上げられるに至ったのは、この二人の先生方が励まし見守ってきてくださったからにほかなりません。以上の先生方に加えて、古賀比呂志先生、松石勝彦先生、西川潤先生、渡会勝義先生、神野直彦先生、西沢保先生、柴田徳太郎先生、丸山真人先生、植村博恭先生、中西徹先生、石倉雅男先生、根井雅弘先生、坂井素思先生、山下貴子先生、下平裕之先生、広瀬弘毅先生から受けたご恩もまた忘れることができません。

　なお博士論文を仕上げるに際しては、先に述べた伊東教授のご高誼にもあずかりました。本書のある部分を補うべく伊東教授に問い合わせのお便りをお出ししたところ、会って話しましょうとおっしゃってくださり、実に二時間も割いて尊いお話を聞かせてくださったのでした。その日も次の日からもさまざまなご予定がおありであった中、弟子でもなんでもない人間のために温かいお力添えを下さった伊東教授のお心遣いには、本当に感激せずにはいられませんでした。

　大学院生活の支えであった友人についても触れておきたいと思います。筥崎博之氏、今本啓介氏、石井穣氏、王健氏、五十嵐啓之氏、深井英喜氏、原谷直樹氏といった友人と知り合えたお陰で、わたしは大学院生活におけるさまざまな難局をどうにか切り抜けて生き生きと暮らすことができ、ソーシャル・サポートの重要性を身をもって感じたものでした。特に筥崎氏は、社会人大学生という立場からわたしの目をつねに現実経済につなぎとめてくれたのみならず、ほとんどの大学院学生が自分の研究と関係ないかぎり何の興味も示さない一流の学者の講演会やシンポジウムに、わたしの理念を汲んで何度も一緒に行ってくれました。それだけではありません。わたしの持ちかけたあれこれ多くの相談に、筥崎氏は実に親身になって応じてくれたのでした。博士論文を書きすすめる中においてはほかに、田中秀明氏や西森久雄氏からかけてもらった暖かい言葉も何度となく思い出しました。それによってわたしはいつも気持ちを新たにすることができたのでした。

しかしやはり、もっとも感謝すべきは、家族を措いてほかにありません。父も母も、博士論文が仕上がることをずっと信じて待っていてくれました。祖母においてはまことに残念なことに1年4ヵ月前に永の眠りに就いてしまったものの、もし生きていたら、博士論文が仕上がり、さらにそれが書物として世に出たと聞いてきっと欣喜雀躍してくれたことでしょう。そういうわけでわたしとしては、いろいろなことを経てようやく書きおえた本書を、両親と祖母とに謹んでささげたいと思います。

　　2008年3月

　　　　　　　　　　　　　　　　　　　　　　　　　　　　槙　満信

参考文献

明石茂生『マクロ経済学の系譜：対立の構造』東洋経済新報社、1988年。
磯谷明徳『制度経済学のフロンティア：理論・応用・政策』ミネルヴァ書房、2004年。
池田文雄『ヨーロッパ共同体』教育社（歴史新書）、1980年。
依田高典『ネットワーク・エコノミクス』日本評論社、2001年。
伊藤宣広『現代経済学の誕生：ケンブリッジ学派の系譜』中央公論新社（中公新書）、2006年。
伊東光晴「1930年代の経済学再考」（『経済論叢』（京都大学）第139巻第1号、1987年）。
伊東光晴「ひとつの比較経済学：マルクス経済学再読」（『経済評論』第42巻第5号、1993年）。
伊東光晴『21世紀の世界と日本』岩波書店、1995年。
伊東光晴『「経済政策」はこれでよいか：現代経済と金融危機』岩波書店、1999年。
伊東光晴・真実一男・笹原昭五「宮崎経済学について」（伊東光晴・森恒夫編著『現代資本主義：その理論と現状』日本評論社、1980年）。
井上義朗『市場経済学の源流：マーシャル、ケインズ、ヒックス』中央公論社（中公新書）、1993年。
井上義朗「カルドア累積的因果系列論の考察：EC加盟問題での言説を中心に」（『千葉大学経済研究』第11巻第4号、1997年）。
井上義朗『エヴォルーショナリー・エコノミクス：批評的序説』有斐閣、1999年。
岩田一政「デフレ・スパイラル発生の可能性」（小宮隆太郎・日本経済研究センター編『金融政策論議の争点：日銀批判とその反論』日本経済新聞社、2002年）。
上村雄彦『カップ・ミュルダール・制度派経済学：一つの経済学批判』日本図書センター、1997年。
宇沢弘文『現代経済学への反省：対談集』岩波書店、1987年。
海野八尋「規制緩和、構造転換論では答えは書けない」（『世界』第646号、1998年）。
岡田元浩「貨幣的経済理論史におけるリカードウとヴィクセル」（『経済学史学会年報』第32号、1994年）。
嘉治元郎『国際経済関係』東京大学出版会、1990年。
粕谷信次『社会的企業が拓く市民的公共性の新次元：持続可能な経済・社会システムへの「もう一つの構造改革」』時潮社、2006年。

カルドア, N.「根本問題は農業と工業の不平等発展」(『朝日ジャーナル』第27巻第23号、1985年)。
北村行伸「コンセプチュアライゼーションが経済に与える影響のメカニズムに関する展望：経済史および経済学からの論点整理」(『金融研究』第16巻第4号、1997年)。
楠本博『G.ミュルダールのアジア研究について』近畿大学世界経済研究所、1978年。
後藤晃「マーシャルの競争過程と産業組織」(『一橋論叢』第66巻第1号、1971年)。
坂井素思「経済進歩と社会倫理：なぜ社会には経済進歩が存在するのか」(『季刊現代経済』第61号、1985年)。
塩沢由典『複雑系経済学入門』生産性出版、1997年。
高木邦彦「ケインズの「有効需要の原理」と収穫逓増法則」(中央大学経済研究所編『ケインズ経済学の再検討』中央大学出版部、1990年)。
田中素香・渡瀬義男『ECの財政と経済政策　ゼミナール』東洋経済新報社、1993年。
谷口誠『二一世紀の南北問題：グローバル化時代の挑戦』早稲田大学出版部、2001年。
辻村和佑『資産価格と経済政策：北欧学派とケインズの視点』東洋経済新報社、1998年。
冨浦英一『戦略的通商政策の経済学』日本経済新聞社、1995年。
鍋島直樹『ケインズとカレツキ：ポスト・ケインズ派経済学の源泉』名古屋大学出版会、2001年。
西部忠「進化経済学の現在」(吉田雅明編『経済学の現在　2』日本経済評論社、2005年)。
日本経済新聞社編『ECの知識』日本経済新聞社(日経文庫)、1988年。
根井雅弘「シュンペーター思想形成におけるマーシャルの重要性について」(『経済論叢』(京都大学)第138巻第1・2号、1986年)。
根井雅弘『現代の経済学：ケインズ主義の再検討』講談社(学術文庫)、1994年。
菱山泉「外部節約の箱」(『経済論叢』(京都大学)第83巻第5号、1959年)。
菱山泉『リカード』日本経済新聞社、1979年。
菱山泉『スラッファ経済学の現代的評価』京都大学学術出版会、1993年。
菱山泉『近代経済学の歴史：マーシャルからケインズまで』講談社(学術文庫)、1997年。
平井俊顕「ヴィクセル・コネクション：貨幣的経済学の軌跡(上)」(『上智経済

論集』第36巻第1号、1990年）。
平井俊顕「ヴィクセル・コネクション：貨幣的経済学の軌跡（下）」（『上智経済論集』第36巻第2号、1991年）。
平井俊顕「貨幣的経済学の興隆期：「『ヴィクセル・コネクション』』と『ケインズ革命』』（平井俊顕・野口旭編著『経済学における正統と異端：クラシックからモダンへ』昭和堂、1995年）。
広瀬弘毅「ポスト・ケインズ派経済学の概観」（『経済評論』第41巻第10号、1992年）。
藤田菜々子「累積的因果関係論の諸潮流とミュルダール」（『季刊経済理論』第41巻第2号、2004年）。
藤田菜々子「福祉国家は越えられるか：ミュルダール『福祉世界』のヴィジョン」（『経済科学』（名古屋大学）第53巻第1号、2005a年）。
藤田菜々子「ミュルダールの福祉国家形成論：方法論的・理論的枠組みからの検討」（『経済学史研究』第47巻第1号、2005b年）。
藤田菜々子「ミュルダールの低開発経済論：累積的因果関係論の検討を中心に」（『経済学史研究』第49巻第1号、2007年）。
松浦高嶺編著『イギリス現代史』山川出版社、1992年。
マルシャル, J. ／ルカイヨン, J. 『貨幣的分析の基礎：ヴィクセルからケインズまで』菱山泉訳、ミネルヴァ書房、1978年。
美濃口武雄『経済学説史』青林書院新社、1981年。
宮崎義一『近代経済学の史的展開：「ケインズ革命」以後の現代資本主義像』有斐閣、1967年。
宮崎義一『戦後日本の企業集団：企業集団表による分析　1960－70年』日本経済新聞社、1976年。
宮崎義一『ドルと円：世界経済の新しい構造』岩波書店（岩波新書）、1988年。
宮崎義一『変わりゆく世界経済：「トランスナショナル・シビル・ソサイェティ」への途』有斐閣、1990年。
宮崎義一『複合不況：ポスト・バブルの処方箋を求めて』中央公論社（中公新書）、1992年。
宮崎義一『国民経済の黄昏：「複合不況」その後』朝日新聞社、1995年。
宮崎義一「トランスナショナルな枠組みに移行する日本経済」（『エコノミスト』第74巻第1号、1996年）。
宮崎義一『ポスト複合不況：21世紀日本経済の選択』岩波書店、1997年。
宮崎義一追想集刊行委員会編『温かい心　冷静な頭脳：宮崎義一追想集』宮崎義一追想集刊行委員会、2000年。

三輪芳朗/J. M. ラムザイヤー『産業政策論の誤解：高度成長の真実』東洋経済新報社、2002年。
村上泰亮『産業社会の病理』中央公論社、1975年。
村上泰亮『新中間大衆の時代：戦後日本の解剖学』中央公論社、1984年。
村上泰亮『反古典の政治経済学　上：進歩史観の黄昏』中央公論社、1992a年。
村上泰亮『反古典の政治経済学　下：二十一世紀への序説』中央公論社、1992b年。
村上泰亮『反古典の政治経済学要綱：来世紀のための覚書』中央公論社、1994年。
村上泰亮『文明の多系史観：世界史再解釈の試み』中央公論社、1998年。
山岡喜久男編著『ミュルダールのアジア研究』早稲田大学出版部、1976年。
吉川洋『現代マクロ経済学』創文社、2000年。
渡会勝義「ケンブリッジ費用論争の帰結」(『経済論集』(明治学院大学) 第26号、1977年)。

Angresano, J., *The Political Economy of Gunnar Myrdal : An Institutional Basis for the Transformation Problem*, United Kingdom : Edward Elgar, 1997.

Appelqvist, O. and S. Andersson eds., *The Essential Gunnar Myrdal*, translated by R. Littel, S. Wichmann and others, New York : The New Press, 2005.

Barber, W. J., *Gunnar Myrdal : An Intellectual Biography*, Palgrave Macmillan, 2007.

Boyer, R. and P. Petit, "Kaldor's Growth Theories : Past, Present and Prospects for the Future" (E. J. Nell and W. Semmler eds., *Nicholas Kaldor and Mainstream Economics : Confrontation or Convergence?*, London : Macmillan Academic and Professional, 1991).

Bridel, P., *Cambridge Monetary Thought : The Development of Saving-investment Analysis from Marshall to Keynes*, Basingstoke : Macmillan, 1987.

Buchanan, J. M. and Y. J. Yoon, "A Smithean Perspective on Increasing Returns" (*Journal of the History of Economic Thought*, Vol. 22, No. 1, 2000).

Canning, D., "Increasing Returns in Industry and the Role of Agriculture in Growth" (*Oxford Economic Papers New Series*, Vol. 40, No. 3, 1988).

参考文献

Chandra, R., "Adam Smith, Allyn Young and the Division of Labor" (*Journal of Economic Issues*, Vol. 38, No. 3, 2004).

Chandra, R. and R. J. Sandilands, "Does Modern Endogenous Growth Theory Adequately Represent Allyn Young?" (*Cambridge Journal of Economics*, Vol. 29, No. 3, 2005).

Chandra, R. and R. J. Sandilands, "The Role of Pecuniary External Economies and Economies of Scale in the Theory of Increasing Returns" (*Review of Political Economy*, Vol. 18, No. 2, 2006).

Culbert, J., "War-time Anglo-American Talks and the Making of the GATT" (*World Economy*, Vol. 10, No. 4, 1987).

Currie, L., "Implications of an Endogenous Theory of Growth in Allyn Young's Macroeconomic Concept of Increasing Returns" (*History of Political Economy*, Vol. 29, No. 3, 1997).

Eichner, A. S., "A Theory of the Determination of the Mark-up under Oligopoly" (*Economic Journal*, Vol. 83, No. 332, 1973).

Eichner, A. S., *The Megacorp and Oligopoly: Micro Foundations of Macro Dynamics*, Cambridge: Cambridge University Press, 1976. 『巨大企業と寡占：マクロ動学のミクロ的基礎』川口弘監訳、日本経済評論社、1983年。

Gamble, A., *Britain in Decline: Economic Policy, Political Strategy and the British State*, 4th Edition, New York: St. Martin's Press, 1994. 『イギリス衰退100年史』都築忠七・小笠原欣幸訳、みすず書房、1987年。

Gruchy, A. G., *Contemporary Economic Thought: The Contribution of Neo-institutional Economics*, Clifton: A. M. Kelley, 1972.

Harrod, R. F., "Britain and the Common Market" (*Foreign Affairs*, Vol. 35, No. 2, 1957a).

Harrod, R. F., "Common Market in Perspective" (*Bulletin of the Oxford University Institute of Statistics*, Vol. 19, No. 1, 1957b).

Harrod, R. F., "European Common Market and the Commonwealth" (*Optima*, Vol. 7, 1957c).

Harrod, R. F., „Die Koordination der Währungs- und Konjunkturpolitik in einer europäischen Gemeinschaft" (*Aussenwirtschaft*, Jg. 13, 1958).

Harrod, R. F., "Great Britain and the Common Market" (*The South African Bankers' Journal*, Vol. 59, No. 4, 1962).

Harrod, R. F., *The British Economy*, New York: McGraw-Hill, 1963.

Harrod, R. F., "Atlantic Free Trade Area" (*Three Banks Review*, No. 80, 1968).
Hirschman, A. O., *The Strategy of Economic Development*, New Haven : Yale University Press, 1958.『経済発展の戦略』麻田四郎訳、巌松堂出版、1961年。
Ho, P. S., "Myrdal's Backwash and Spread Effects in Classical Economics : Implications for Multilateral Trade Negotiations" (*Journal of Economic Issues*, Vol. 38, No. 2, 2004).
Hodgson, G. M., "Institutional Rigidities and Economic Growth" (*Cambridge Journal of Economics*, Vol. 13, 1989).
Johnston, B. F., and J. W. Mellor, "The Role of Agriculture in Economic Development" (*American Economic Review*, Vol. 51, 1961).
Kaldor, N., "Welfare Propositions of Economics and Interpersonal Comparisons of Utility" (*Economic Journal*, Vol. 49, No. 195, 1939).
Kaldor, N., "Alternative Theories of Distribution" (*Review of Economic Studies*, Vol. 23, No. 2, 1955-56).「代替的な分配諸理論」(N. カルドア『マクロ分配理論:ケンブリッジ理論と限界生産力説』増補版、富田重夫編訳、学文社、1982年)。
Kaldor, N., "A Model of Economic Growth" (*Economic Journal*, Vol. 67, No. 268, 1957a).「経済成長のモデル」(N. カルダー『経済安定と成長』第2刷、中村至朗訳、大同書院、1964年)。
Kaldor, N., "Capitalist Evolution in the Light of Keynesian Economics" (*Sankhya*, Vol. 18, Nos. 1-2, 1957b).「ケインズ経済学より見た資本主義の発達」(N. カルダー『経済安定と成長』第2刷、中村至朗訳、大同書院、1964年)。
Kaldor, N., "Characteristics of Economic Development" (N. Kaldor, *Essays on Economic Stability and Growth*, Gerald Duckworth, 1960).「経済発展の特質」(N. カルダー『経済安定と成長』第2刷、中村至朗訳、大同書院、1964年)。
Kaldor, N., "Capital Accumulation and Economic Growth" (F. Lutz ed., *The Theory of Capital : Proceedings of a Conference Held by the International Economic Association*, London : Macmillan, 1961).「資本蓄積と経済成長」(N. カルドア『経済成長と分配理論:理論経済学続論』笹原昭五・高木邦彦訳、日本経済評論社、1989年)。
Kaldor, N., "Escape from Socialism" (*New Statesman*, 26 July, 1963a).
Kaldor, N., "Stabilizing the Terms of Trade of Under-developed Countries"

(*Economic Bulletin for Latin America*, Vol. 8, No. 1, 1963b).
Kaldor, N., "Dual Exchange Rates and Economic Development" (*Economic Bulletin for Latin America*, Vol. 9, No. 2, 1964a).
Kaldor, N., "The Role of Taxation in Economic Development" (N. Kaldor, *Essays on Economic Policy I*, Gerald Duckworth, 1964b).
Kaldor, N., *Causes of the Slow Rate of Economic Growth of the United Kingdom*, London : Cambridge University Press, 1966a.「イギリス経済の低成長の原因」(N. カルドア『経済成長と分配理論:理論経済学続論』笹原昭五・高木邦彦訳、日本経済評論社、1989年)。
Kaldor, N., "Marginal Productivity and the Macro-Economic Theories of Distribution : Comment on Samuelson and Modigliani" (*Review of Economic Studies*, Vol. 33, No. 4, 1966b).「限界生産力と巨視経済学的分配理論:サムエルソンとモジリアーニにたいする論評」(N. カルドア『経済成長と分配理論:理論経済学統論』笹原昭五・高木邦彦訳、日本経済評論社、1989年)。
Kaldor, N., *Strategic Factors in Economic Development*, Ithaca : Cornell University Press, 1967.
Kaldor, N., "The Choice of Technology in Less Developed Countries" (*Monthly Labor Review*, Vol. 92, No. 8, 1969).
Kaldor, N.,"Europe's Agricultural Disarray" (*New Statesman*, 3 April, 1970a).「ヨーロッパ農業の混乱」(N. カルドア『貨幣・経済発展そして国際問題:応用経済学続論』笹原昭五・高木邦彦・松本浩志・薄井正彦訳、日本経済評論社、2000年)。
Kaldor, N.,"The Case for Regional Policies" (*Scottish Journal of Political Economy*, Vol. 17, No. 3, 1970b).「地域政策を必要とする事情」(N. カルドア『経済成長と分配理論:理論経済学統論』笹原昭五・高木邦彦訳、日本経済評論社、1989年)。
Kaldor, N., "Conflicts in National Economic Objectives" (N. Kaldor ed., *Conflicts in Policy Objectives : Papers Presented to Section F (Economics) at the 1970 Annual Meeting of the British Association for the Advancement of Science*, Basil Blackwell, 1971a).「国民経済の諸目標の確執」(N. カルドア『経済成長と分配理論:理論経済学統論』笹原昭五・高木邦彦訳、日本経済評論社、1989年)。
Kaldor, N., "The Distortions of the White Paper" (*New Statesman*, 16 July 1971b).「1971年白書の曲解」(N. カルドア『貨幣・経済発展そして国際

問題：応用経済学続論』笹原昭五・高木邦彦・松本浩志・薄井正彦訳、日本経済評論社、2000年)。

Kaldor, N., "The Truth about the 'Dynamic Effects'" (*New Statesman*, 12 March, 1971c).「欧州共同市場の動態的影響」(N. カルドア『貨幣・経済発展そして国際問題：応用経済学続論』笹原昭五・高木邦彦・松本浩志・薄井正彦訳、日本経済評論社、2000年)。

Kaldor, N., "The Money Crisis: Britain's Chance" (*New Statesman*, 14 May, 1971d).

Kaldor, N., "Advanced Technology in a Strategy of Development" (International Labour Office, *Automation in Developing Countries: Roundtable Discussion on the Manpower Problems Associated with the Introduction of Automation and Advanced Technology in Developing Countries*, International Labour Office, 1972a).「発展策略のなかの先進技術」(N. カルドア『貨幣・経済発展そして国際問題：応用経済学続論』笹原昭五・高木邦彦・松本浩志・薄井正彦訳、日本経済評論社、2000年)。

Kaldor, N., "The Irrelevance of Equilibrium Economics" (*Economic Journal*, Vol. 82, No. 328, 1972b).「均衡経済学の不当性」(N. カルドア『経済成長と分配理論：理論経済学続論』笹原昭五・高木邦彦訳、日本経済評論社、1989年)。

Kaldor, N., "The Role of Industrialization in Latin American Inflation" (D. T. Geithman ed., *Fiscal Policy for Industrialization and Development in Latin America*, University of Florida Press, 1974).「ラテン・アメリカのインフレーションにかんする工業化の役割」(N. カルドア『貨幣・経済発展そして国際問題：応用経済学続論』笹原昭五・高木邦彦・松本浩志・薄井正彦訳、日本経済評論社、2000年)。

Kaldor, N., "What Is Wrong with Economic Theory" (*Quarterly Journal of Economics*, Vol. 89, No. 3, 1975).「どこで経済理論はまちがっているか」(N. カルドア『経済成長と分配理論：理論経済学続論』笹原昭五・高木邦彦訳、日本経済評論社、1989年)。

Kaldor, N., "Inflation and Recession in the World Economy" (*Economic Journal*, Vol. 86, No. 344, 1976).「世界経済におけるインフレーションと景気後退」(N. カルドア『経済成長と分配理論：理論経済学続論』笹原昭五・高木邦彦訳、日本経済評論社、1989年)。

Kaldor, N., "Capitalism and Industrial Development: Some Lessons from

参考文献

Britain's Experience" (*Cambridge Journal of Economics*, Vol. 1, No. 1, 1977).「資本主義と産業発展：イギリスの経験にもとづく数点の教訓」(N. カルドア『貨幣・経済発展そして国際問題：応用経済学続論』笹原昭五・高木邦彦・松本浩志・薄井正彦訳、日本経済評論社、2000年)。

Kaldor, N., *Further Essays on Economic Theory*, London : Gerald Duckworth, 1978a.『経済成長と分配理論：理論経済学続論』笹原昭五・高木邦彦訳、日本経済評論社、1989年。

Kaldor, N., "The Effect of Devaluations on Trade in Manufactures" (N. Kaldor, *Further Essays on Applied Economics*, London : Gerald Duckworth, 1978b).「製造業製品貿易にたいする平価切り下げの影響」(N. カルドア『貨幣・経済発展そして国際問題：応用経済学続論』笹原昭五・高木邦彦・松本浩志・薄井正彦訳、日本経済評論社、2000年)。

Kaldor, N., "The Nemesis of Free Trade" (N. Kaldor, *Further Essays on Applied Economics*, London : Gerald Duckworth, 1978c).「自由貿易にたいする天誅」(N. カルドア『貨幣・経済発展そして国際問題：応用経済学続論』笹原昭五・高木邦彦・松本浩志・薄井正彦訳、日本経済評論社、2000年)。

Kaldor, N., "Equilibrium Theory and Growth Theory" (M. J. Boskin ed., *Economics and Human Welfare : Essays in Honor of Tibor Scitovsky*, Academic Press, 1979).

Kaldor, N., *Essays on Value and Distribution*, 2nd Edition, London : Gerald Duckworth, 1980.

Kaldor, N., "The Role of Increasing Returns, Technical Progress and Cumulative Causation in the Theory of International Trade and Economic Growth" (*Économie Appliquée*, No. 34, 1981).

Kaldor, N., "Devaluation and Adjustment in Developing Countries" (*Finance and Development*, Vol. 20, No. 2, 1983).

Kaldor, N., "An Exchange Rate Policy for India" (*Economic and Political Weekly*, Vol. 19, 1984).

Kaldor, N., *Economics without Equilibrium*, United Kingdom : University College Cardiff Press, 1985.

Kaldor, N., "Limits on Growth" (*Oxford Economic Papers New Series*, Vol. 38, No. 2, 1986a).

Kaldor, N., "Recollections of an Economist" (*Banca Nazionale del Lavoro Quarterly Review*, No. 156, 1986b).

Kaldor, N., *Causes of Growth and Stagnation in the World Economy*, Cambridge : Cambridge University Press, 1996.

Kaldor, N. and J. A. Mirrlees, "A New Model of Economic Growth" (*Review of Economic Studies*, Vol. 29, No. 3, 1962).「経済成長の新モデル」(N. カルドア『経済成長と分配理論：理論経済学続論』笹原昭五・高木邦彦訳、日本経済評論社、1989年)。

Kalecki, M., "The Determinants of Distribution of the National Income" (*Econometrica*, Vol. 6, No. 2, 1938).「国民所得の分配」(M. カレツキ『ケインズ雇傭と賃銀理論の研究』増田操訳、戦争文化研究所、1944年)。

Kalecki, M., *Essays in the Theory of Economic Fluctuations*, London : George Allen & Unwin, 1939.『ケインズ雇傭と賃銀理論の研究』増田操訳、戦争文化研究所、1944年。

Kalecki, M., "A Theory of Long-run Distribution of the Product of Industry" (*Oxford Economic Papers*, No. 5, 1941).

Kalecki, M., "A Theory of Profits" (*Economic Journal*, Vol. 52, Nos. 206-207, 1942a).「利潤の決定要因」(M. カレツキ『経済変動の理論：資本主義経済における循環的及び長期的変動の研究』宮崎義一・伊東光晴訳、新評論、1958年)。

Kalecki, M., "Mr. Whitman on the Concept of 'Degree of Monopoly' -A Comment" (*Economic Journal*, Vol. 52, No. 205, 1942b).

Kalecki, M., *Theory of Economic Dynamics : An Essay on Cyclical and Long-run Changes in Capitalist Economy*, Revised 2nd Edition, London: George Allen and Unwin, 1965.『経済変動の理論：資本主義経済における循環的及び長期的変動の研究』宮崎義一・伊東光晴訳、新評論、1958年。

Kalecki, M., "Class Struggle and Distribution of National Income" (*Kyklos*, Vol. 24, No. 1, 1971a).「階級闘争と国民所得の分配」(M. カレツキ『資本主義経済の動態理論』浅田統一郎・間宮陽介訳、日本経済評論社、1984年)。

Kalecki, M., *Selected Essays on the Dynamics of the Capitalist Economy 1933-1970*, Cambridge : Cambridge University Press, 1971b.『資本主義経済の動態理論』浅田統一郎・間宮陽介訳、日本経済評論社、1984年。

Keynes, J. M., *The End of Laissez-faire*, London : Hogarth Press, 1926.「自由放任の終焉」宮崎義一訳 (『ケインズ；ハロッド』宮崎義一・伊東光晴責任編集、中央公論社、1971年)。

参考文献

Keynes, J. M., *The General Theory of Employment Interest and Money*, London : Macmillan, 1936.『雇用、利子および貨幣の一般理論』間宮陽介訳、岩波書店（岩波文庫）、2008年。

Kriesler, P., *Kalecki's Microanalysis : The Development of Kalecki's Analysis of Pricing and Distribution*, Cambridge : Cambridge University Press, 1987.『カレツキと現代経済：価格設定と分配の分析』金尾敏寛・松谷泰樹訳、日本経済評論社、2000年。

Lawson, T., J. G. Palma and J. Sender eds., *Kaldor's Political Economy*, London : Academic Press, 1989.

Lundberg, E. F., *The Development of Swedish and Keynesian Macroeconomic Theory and Its Impact on Economic Policy*, Cambridge : Cambridge University Press, 1996.

Machlup, F., *The Political Economy of Monopoly : Business, Labor and Government Policies*, Baltimore : Johns Hopkins Press, 1952.

Marshall, A., *Principles of Economics : An Introductory Volume*, 8th Edition, London : Macmillan, 1920.『経済学原理：序説』永沢越郎訳、岩波ブックセンター信山社、1985年。

Matyas, A., *History of Modern Non-Marxian Economics, from Marginalist Revolution through the Keynesian Revolution to Contemporary Monetarist Counter-revolution*, Budapest : Akademiai Kaido, 1980.『近代経済学の歴史』（上・下）関恒義監訳、大月書店、1984-1985年。

Meade, J. E., "International Economic Cooperation" (*Journal of Proceedings of the Agricultural Economics Society*, Vol. 2, 1933).

Meade, J. E., "Bretton Woods, GATT, and the Balance of Payments : A Second Round?" (*Three Banks Review*, No. 16, 1952).

Meade, J. E., "Benelux : The Formation of the Common Customs" (*Economica New Series*, Vol. 23, No. 91, 1956).

Meade, J. E., "The Balance-of-payments Problems of a European Free-trade Area" (*Economic Journal*, Vol. 67, No. 267, 1957).

Meade, J. E., "The Future of International Trade and Payments" (*Three Banks Review*, No. 50, 1961).

Meade, J. E., *UK, Commonwealth & Common Market : A Reappraisal*, 2nd Edition, London : Institute of Economic Affairs, 1962.

Meade, J. E., "International Commodity Agreements" (*Lloyds Bank Review*, No. 73, 1964a).

Meade, J. E., "The International Monetary Mechanism" (*Three Banks Review*, No. 63, 1964b).
Meade, J. E., "Exchange-rate Flexibility" (*Three Banks Review*, No. 70, 1966).
Meier, G. M. ed., *Pioneers in Development*, 2nd Series, New York: Oxford University Press, 1987.
Mumford, L., *The Culture of Cities*, Martin Secker and Warburg, 1938.『都市の文化』生田勉訳、鹿島研究所出版会、1974年。
Murakami, Y., "*Ie* Society as a Pattern of Civilization" (*Journal of Japanese Studies*, Vol. 10, No. 2, 1984).「文明としてのイエ社会」八木甫訳（村上泰亮『村上泰亮著作集』4、中央公論社、1997年）。
Myrdal, K. G., *Monetary Equilibrium*, London: W. Hodge, 1939.『貨幣的均衡論』傍島省三訳、実業之日本社、1943年。
Myrdal, K. G., *An American Dilemma: The Negro Problem and Modern Democracy*, New York: Harper & Brothers, 1944.
Myrdal, K. G., *An International Economy: Problems and Prospects*, New York, Harper & Brothers, 1956.
Myrdal, K. G., *Economic Theory and Under-developed Regions*, London: Gerald Duckworth, 1957.『経済理論と低開発地域』小原敬士訳、東洋経済新報社、1959年。
Myrdal, K. G., *Beyond the Welfare State: Economic Planning in the Welfare States and Its International Implications*, London: Gerald Duckworth, 1960.『福祉国家を越えて：福祉国家での経済計画とその国際的意味関連』北川一雄監訳、ダイヤモンド社、1963年。
Myrdal, K. G., "The Widening Income Gap" (*International Development Review*, 1963).
Myrdal, K. G., *Asian Drama: An Inquiry into the Poverty of Nations*, New York: Pantheon, 1968.
Myrdal, K. G., *Objectivity in Social Research*, New York: Pantheon Books, 1969.『社会科学と価値判断』丸尾直美訳、竹内書店、1971年。
Myrdal, K. G., *The Challenge of World Poverty: A World Anti-poverty Program in Outline*, New York: Pantheon Books, 1970.『貧困からの挑戦』大来佐武郎監訳、ダイヤモンド社、1971年。
Myrdal, K. G., "An Economist's Vision of a Sane World" (M. Okada ed., *Essays and Lectures*, Kyoto: Keibunsha, 1973).
Myrdal, K. G., "What Is Development?" (*Journal of Economic Issues*, Vol. 8,

1974).

Myrdal, K. G., "The Equality Issue in World Development" (*Swedish Journal of Economics*, Vol. 77, No. 4, 1975).

Myrdal, K. G., "The Meaning and Validity of Institutional Economics" (R. Steppacher, B. Zogg-Walz and H. Hatzfeldt eds., *Economics in Institutional Perspective : Memorial Essays in Honor of K. William Kapp*, Lexington, Mass. : Heath, 1977).「制度派経済学の意味と妥当性」(K. ドッファー編著『これからの経済学：新しい理論範式を求めて』都留重人監訳、岩波書店、1978年)。

Myrdal, K. G., "Institutional Economics" (*Journal of Economic Issues*, Vol. 12, 1978).

Myrdal, K. G., "Increasing Interdependence between States but Failure of International Cooperation" (M. Okada ed., *Essays and Lectures after 1975*, Kyoto : Keibunsha, 1979a).

Myrdal, K. G., "Need for Reforms in Underdeveloped Countries" (M. Okada ed., *Essays and Lectures after 1975*, Kyoto : Keibunsha, 1979b).

Myrdal, K. G., "Poverty in the Western Developed Countries" (M. Okada ed., *Essays and Lectures after 1975*, Kyoto : Keibunsha, 1979c).

Nuti, D. M.,"The Degree of Monopoly in the Kaldor-Mirrlees Growth Model" (*Review of Economic Studies*, Vol. 36, No. 2, 1969).

Organisation for Economic Co-operation and Development, *Society at a Glance : OECD Social Indicators*, Paris : Organisation for Economic Co-operation and Development, 2005.

Peach, T., *Interpreting Ricardo*, Cambridge : Cambridge University Press, 1993.

Peden, G. C., "Old Dogs and New Tricks : The British Treasury and Keynesian Economics in the 1940s and 1950s" (M. O. Furner and B. Supple eds., *The State and Economic Knowledge : The American and British Experiences*, Cambridge : Cambridge University Press, 1990).

Peuker, A., *Die Theorien des Nicholas Lord Kaldor : Ein Beitrag zum postkeynesianischen Paradigma*, Marburg : Metropolis, 1997.

Rima, I. H., "Increasing Returns, New Growth Theory, and the Classicals" (*Journal of Post Keynesian Economics*, Vol. 27, No. 1, 2004).

Robertson, D. H., "The Trees of the Forest" (*Economic Journal*, Vol. 40, No. 157, 1930).

Robinson, J. V., "Kalecki and Keynes" (J. V. Robinson, *Collected Economic Papers*, Vol. 3, Oxford : Basil Blackwell, 1965).「カレツキーとケインズ」(J. V. ロビンソン『資本理論とケインズ経済学』山田克巳訳、日本経済評論社、1988年)。

Robinson, J. V., "A Further Note" (*Review of Economic Studies*, Vol. 36, No. 2, 1969).

Rogers, C., *Money, Interest and Capital : A Study in the Foundations of Monetary Theory*, Cambridge : Cambridge University Press, 1989.『貨幣・利子および資本：貨幣的経済理論入門』貨幣的経済理論研究会訳、日本経済評論社、2004年。

Sandilands, R. J., "Perspectives on Allyn Young in Theories of Endogenous Growth" (*Journal of the History of Economic Thought*, Vol. 22, No. 3, 2000).

Sardoni, C., "Some Ties of Kalecki to the 1926 'Sraffian Manifesto' " (*Journal of Post Keynesian Economics*, Vol. 6, No. 3, 1984).

Sawyer, M. C., *The Economics of Michal Kalecki*, London : Macmillan, 1985.『市場と計画の社会システム：カレツキ経済学入門』緒方俊雄監訳、日本経済評論社、1994年。

Schumpeter, J. A., *Theorie der wirtschaftlichen Entwicklung : eine Untersuchung über Unternehmergewinn, Kapital, Kredit, Zins und den Konjunkturzyklus*, neubearbeitete Aufl., München : Duncker & Humblot, 1926.『経済発展の理論：企業者利潤・資本・信用・利子および景気の回転に関する一研究』(上・下) 塩野谷祐一・中山伊知郎・東畑精一訳、岩波書店 (岩波文庫)、1977年。

Shackle, G. L. S., *The Years of High Theory : Invention and Tradition in Economic Thought*, London : Cambridge University Press, 1967.

Shackle, G. L. S., *Expectations, Investment, and Income*, 2nd Edition, Oxford : Clarendon Press, 1968.

Skidelsky, R., "J. M. Keynes and the Quantity Theory of Money" (M. Blaug, W. Eltis, D. P. O'Brien, D. Patinkin, R. Skidelsky and G. E. Wood, *The Quantity Theory of Money : From Locke to Keynes and Friedman*, United Kingdom : Edward Elgar, 1995).

Skott, P., "Growth and Stagnation in a Two-sector Model : Kaldor's Mattioli Lectures" (*Cambridge Journal of Economics*, Vol. 23, No. 3, 1999).

Skott, P. and P. Auerbach, "Cumulative Causation and the 'New' Theories

of Economic Growth" (*Journal of Post Keynesian Economics*, Vol. 17, No. 3, 1995).
Sraffa, P., "The Laws of Returns under Competitive Conditions" (*Economic Journal*, Vol. 36, No. 144, 1926).「競争的条件のもとにおける収益法則」(P. スラッファ『経済学における古典と近代：新古典学派の検討と独占理論の展開』菱山泉・田口芳弘訳、有斐閣、1956年)。
Sraffa, P. ed., *The Works and Correspondence of David Ricardo, Vol. 1: On the Principles of Political Economy and Taxation*, Cambridge: Cambridge University Press, 1951.『経済学および課税の原理』羽鳥卓也・吉沢芳樹訳、岩波書店（岩波文庫)、1987年。
Sylos-Labini, P., *Oligopoly and Technical Progress*, Revised Edition, translated by E. Henderson, Cambridge, Mass.: Harvard University Press, 1969.『寡占と技術進歩』増訂版、安部一成訳、東洋経済新報社、1971年。
Sylos-Labini, P., "Prices and Income Distribution in Manufacturing Industry" (*Journal of Post Keynesian Economics*, Vol. 2, No. 1, 1979).
Targetti, F., "Change and Continuity in Kaldor's Thought on Growth and Distribution" (E. J. Nell and W. Semmler eds., *Nicholas Kaldor and Mainstream Economics: Confrontation or Convergence?*, London: Macmillan Academic and Professional, 1991).
Targetti, F., *Nicholas Kaldor: The Economics and Politics of Capitalism as a Dynamic System*, translated by A. Belton, Oxford: Oxford University Press, 1992.
Thirlwall, A. P., "A General Model of Growth and Development on Kaldorian Lines" (*Oxford Economic Papers*, Vol. 38, 1986).
Thirlwall, A. P., *Nicholas Kaldor*, Brighton: Wheatsheaf, 1987.
Thirlwall, A. P., "Nicholas Kaldor 1908-86" (E. J. Nell and W. Semmler eds., *Nicholas Kaldor and Mainstream Economics: Confrontation or Convergence?*, New York: St Martin's Press, 1991).
Toner, P., *Main Currents in Cumulative Causation: The Dynamics of Growth and Development*, London: Macmillan, 1999.
Tsuru, S., *Institutional Economics Revisited*, Cambridge University Press, 1993.『制度派経済学の再検討』中村達也・永井進・渡会勝義訳、岩波書店、1999年。
Turner, M. S., *Nicholas Kaldor and the Real World*, New York: M. E. Sharpe, 1993.

Veblen, T. B., "Why Is Economics Not an Evolutionary Science?" (*Quarterly Journal of Economics*, Vol. 12, 1898).

Walters, H. E., "Agriculture and Development" (*Finance and Development*, Vol. 19, No. 3, 1982).

Whitman, R. H., "A Note on the Concept of 'Degree of Monopoly'" (*Economic Journal*, Vol. 51, Nos. 202-203, 1941).

Wicksell, J. G. K., *Geldzins und Güterpreise: Eine Studie über die den Tauschwert des Geldes bestimmenden Ursachen*, Jena: G. Fischer, 1898.『利子と物価』北野熊喜男・服部新一訳、日本経済評論社、1984年。

Young, A. A., "Increasing Returns and Economic Progress" (*Economic Journal*, Vol. 38, No. 152, 1928).

Young, J. W., *Britain and European Unity, 1945-1992*, London: Macmillan Press, 1993.

索　引（事項、人名）

注・『　』は書籍のタイトル
右肩に＊が付してあるのは人名。

（ア行）

IMF　35
アイクナー, A. S.＊　90
ITO　17, 34, 47
『アジアのドラマ』　171
アロー, K.＊　144
アングレサノ, J.＊　129
EEC　10, 17, 25, 27～36, 38, 43～50, 53, 55, 122～124, 130, 141
EFTA　27, 28
ECSC　28
磯谷明徳＊　136, 154
伊藤宣広＊　23
伊東光晴＊　23, 73, 130, 131
一般均衡理論　23, 178
『一般理論』→『雇用・利子および貨幣の一般理論』
EU　122, 124, 130, 139, 140, 180
EURATOM　28
ヴァイナー, J.＊　37
ヴィクセル, J. G. K.＊　10, 19, 93～95, 97～110, 117～119, 129, 134, 136～138, 143, 154
ヴィクセル的下降過程　98
ヴィクセル的不均衡累積過程　10, 97, 111, 118, 119
ヴィクセル的累積過程 → ヴィクセル的不均衡累積過程

ヴェブレン, T. B.＊　137, 143, 149, 154, 155
上村雄彦＊　24, 111, 136, 154
APEC　122, 124, 130
FTA　28, 36
NAFTA　122, 130
エヤァズ, C. E.＊　154
OECD　131
オーカンの法則　151
オーストリア学派　11
オーリン, B. G.＊　107
オックスフォード経済調査　11

（カ行）

外国貿易乗数　41, 61, 80
解釈学　160, 170, 178
開発主義　153, 161, 163, 166, 167, 170, 172～174, 176, 179
外部性　15, 16, 24, 134, 144～147, 151, 155
外部負経済　15
拡張効果　15, 139
価値前提　130, 174
価値判断　68, 156
過当競争　135, 163, 166, 178
貨幣数量説　101～103, 107, 118
貨幣的均衡　93～100, 104～109, 117～119, 129, 139

201

『貨幣的均衡論』　20, 22, 93, 94, 99, 134, 139, 153, 154
貨幣的経済理論　10, 19, 20, 25, 93, 95, 103, 106, 107, 135, 138, 142, 153
貨幣分析　10, 19, 99〜103, 105, 106
貨幣利子率　94, 100, 104〜106, 118
ガルブレイス, J. K.[*]　155
カレツキ, M.[*]　19, 22, 72, 73, 75, 80〜84, 86, 87, 89〜91, 109, 110
雁行形態　179
慣行的利子率　100, 106
機会の平等　14, 112, 113, 125, 127, 140, 141, 166, 172〜177
危険遍増の原理　110
技術移転　165, 166, 170, 172, 180
技術進歩関数　74, 156
技術的外部性　16, 24, 146
規模の経済　15, 24, 33, 40, 43, 52, 137, 147, 168
逆流効果　66, 115, 128, 139, 172
均衡　12, 23, 24, 34, 35, 39, 51, 96, 98〜100, 104, 106, 107, 146〜150, 152, 154, 156
金銭的外部性　16, 146
近隣窮乏化政策　36, 48
クリー, L.[*]　146
クルグマン, P. R.[*]　147, 148
グルーチー, A. G.[*]　155
グローバル・ケインズ主義　53, 130
『経済学原理』　161

経済進歩　14, 113, 125, 128, 134, 172, 175
『経済発展の理論』　178
ケインズ, J. M.[*]　37, 41, 42, 51〜53, 76, 98〜100, 106〜110, 120, 130, 138, 153
ケインズ革命　11, 23
ケインズ派成長理論 → ケインズ派分配・成長理論
ケインズ派分配・成長理論　9, 18, 19, 38, 71〜77, 79, 80, 88, 89, 138
ケインズ派分配理論 → ケインズ派分配・成長理論
結果の平等　164, 167, 176
ゲームの理論　11, 23, 147, 148, 156
限界革命　11, 23
限定合理性　24
公共財　165
厚生経済学　60, 68, 153
構築主義　150
後方連関効果　155
『国際経済』　171, 174
国際公共財　165, 166, 170, 172, 176, 179
国際的統合　20, 140〜142, 152, 160, 173, 180
国際的分裂　114, 115, 126, 172
国民経済　17, 108, 116, 120〜124, 127, 130, 141〜143, 152, 173
国民経済の黄昏　130

索 引

国民的統合　14, 20, 113～116, 124～128, 140～142, 152, 160, 172～175
古典派　11, 61, 73, 74, 86, 100, 104, 128, 134
コモンズ, J. R.*　154
『雇用・利子および貨幣の一般理論』　41, 42, 53, 76, 77, 98, 99, 106, 108～110, 153
コーンウォール, J.*　146

(サ行)

産業化　13, 16, 32, 40, 153, 159～166, 169, 171, 172, 174, 177, 180
産業政策　49, 135, 157, 159, 164, 166, 178, 179
サンディランズ, R. J.*　145, 146
CAP　28～32, 49
塩沢由典*　24, 159
自然は飛躍せず　178
自然利子率　100, 102～107, 110, 118, 129
思想の自由主義　160, 170
実行による学習　15, 24, 144
実物分析　10, 19, 99～103, 105, 106
シトフスキー, T.*　16, 155
資本の限界効率　104, 110
シャックル, G. L. S.*　98
収益逓増　9, 10, 13, 15～19, 21, 22, 24, 27, 38～42, 45, 46, 48, 51, 55～57, 61, 63～65, 69, 71, 72, 78, 79, 81～87, 89～91, 134, 135, 138, 140, 141, 144, 145, 147, 151, 154, 159～162, 168～170
集中型寡占　81, 90
自由貿易　18, 33～36, 42, 43, 45～48, 50, 53, 61, 63, 68, 141, 159, 165, 169, 172, 176, 177
「『自由放任の終焉』の終焉」　122
循環的・累積的因果関係　9～16, 18～22, 24, 25, 40～42, 51, 57, 61, 66～69, 72, 79, 82, 84, 93, 111～117, 125～127, 133～152, 154～156, 160, 168, 169, 172, 177, 179
商品貨幣　101
情報化　180
シロス－ラビーニ, P.*　82, 90
進化経済学　18, 144, 149～151, 156
進化ゲームの理論　156
新結合　178
新古典派　11, 23, 39, 40, 51, 61, 74, 122, 123, 141, 153, 160～163, 165, 177, 180
人的資本　144
新パシネッティ定理　89
信用貨幣　101
垂直的外部性　16
水平的外部性　16
杉本栄一*　120
スミス, A.　24, 40, 41, 63, 67, 82, 83, 90, 134, 168, 169
スペンサー, B.*　147

203

斉一利潤率　104
制度派　10, 20, 22, 64, 69, 117, 120, 126, 129, 135, 136, 138, 139, 153, 154
製品差別型寡占　81, 90
絶対主義　161
セーの法則　103
戦略的貿易政策論　144, 147～149, 156
操作主義　150
ソロー, R.*　144

（夕行）
第二級国際特化　129, 140, 152, 171
高木邦彦*　51
多国籍企業　121, 125
タージェッティ, F.*　56, 88
多占　163, 164, 166, 170
多相的な経済自由主義　135, 153, 159, 160, 166, 167, 169, 170, 173, 176
田中素香*　49
ダビッドソン, D.*　107
チェネリー, H.*　16
チェンバリン, E. H.*　162
チェンバレン, J.*　64
チャンドラ, R.*　145
超越論　160
長期生産（費用）軌跡　162, 163, 168, 169
長期費用軌跡 → 長期生産（費用）軌跡
超国家的経済　122, 123

重複によって共通する屋根　135, 167, 170, 179, 180
都留重人*　120, 130
低開発国　13, 16, 20, 111～113, 115, 116, 118～120, 123, 124, 126～129, 139, 140, 142, 147, 153, 155, 171, 172, 177
定型化された事実　74, 89, 156
投資の社会化　51
投資反応係数　95, 109
道徳の二重標準　140, 152, 153
独占度　75, 80, 81, 85
ド＝ゴール*　28, 29
トナー, P.*　13, 22, 57, 72, 135～137, 142, 143, 146, 154, 155, 179
冨浦英一*　24, 148, 156
トランスナショナル・シビル・ソサイェティ　20, 112, 122
トレンズ, R.*　128

（ナ行）
内国民待遇　153, 167
内生的成長理論　144～147, 149, 156
内部経済・外部経済　12, 90
ナッシュ均衡　24
二重の為替相場　17, 56～61, 63, 68, 140, 152, 170
日没ルール　167, 170
ヌルクセ, R.*　155
ネオ・オーストリア派　156
ネオ・シュンペーター派　156

索 引

ネットワーク外部性 24

(ハ行)
ハイエク, F. A.* 107
波及効果 53, 66, 115, 116, 172
ハーシュマン, A. O.* 34, 136, 138, 155, 179
ハロッド, R. F.* 27, 36, 37, 47, 61
範囲の経済性 24
『反古典の政治経済学』 22, 135, 159, 160, 165, 167, 171, 172, 174, 176, 177, 179, 180
『反古典の政治経済学要綱』 159, 176
ピグー, A. C.* 60, 61, 68, 69, 91
ヒックス, J. R.* 50, 61
費用逓減 21, 135, 159〜163, 165〜167, 169〜173, 176〜180
費用論争 12, 24, 134
平井俊顕* 109, 110
ビルト・イン・スタビライザー 108
『貧困からの挑戦』 171
貧困率 131
フェルドーンの法則 41, 42
不完全競争論 11, 80
不均衡過程→不均衡累積過程
不均衡累積過程 10, 19, 22, 93, 95〜97, 99, 104, 105, 108, 110, 117〜119, 126, 134, 137, 154
不均斉的成長論 134, 155
複合不況 121
複雑系経済学 24, 156

福祉国家 14, 20, 111〜114, 116, 122, 126〜128, 130, 139, 140, 142, 152, 153, 164, 172, 177
福祉世界 20, 124, 127
藤田菜々子* 10, 111, 136, 137, 142, 143, 154, 155, 172
プチ, P.* 72
部分均衡分析 12
ブランダー, J.* 147
分裂効果 56, 61, 66, 68, 139, 169
ホ, P. S.* 128
ボゴール目標 130
ホジソン, G. M.* 93
ポスト・ケインズ派 22, 39, 135, 153, 156
ボワイエ, R.* 72

(マ行)
マーシャル, A.* 12, 90, 91, 100, 161, 162, 168, 178, 179
マーシャルの問題 162
マーリーズ, J. A.* 74
マルクス, K. H.* 73, 125, 172
マルクス主義 161
マルクスの予言 125
マルシャル, J.* 103
ミッチェル, W. C.* 154
ミード, J. E.* 17, 27, 30〜32, 34〜37, 47〜50, 149
美濃口武雄* 23
宮崎義一* 20, 111, 112, 120〜127, 130,

205

　　　　　131
民主主義　113, 174〜176, 180
模倣もしくは対抗心　66, 139

（ヤ行）
ヤング, A. A.*　16, 40, 63, 134〜137,
　　143, 145, 146, 154, 168
唯物史観　172
有効需要　41, 51, 100, 135, 136, 154
輸出主導　41, 48, 52, 61, 138, 142, 170

（ラ行）
ラファエル・マティオーリ講演　155
『理論経済学の本質と主要内容』　178
ルーカス, R.*　144
歴史学派　11
歴史的時間　50

労働価値説　11
ロジャーズ, C.*　19, 93, 99〜106, 109,
　　110,
ローゼンスタイン－ローダン, P. N.*
　　134, 136, 138
ローマー, P. M.*　144, 145
ロビンソン, J. V.*　51, 71, 162
リカード, D.*　22, 45, 53, 72, 73, 75,
　　82, 83, 86〜91, 104, 105
『利子と物価』　93, 94
リマ, I. H.*　145
リンダール, E. R.*　107
ルカイヨン, J.*　103
ルンドベルヒ, E. F.*　99

（ワ行）
ワルラス, M. E. L.*　178

著者略歴

槙　満信（まき・みつのぶ）

1973年生まれ。早稲田大学政治経済学部経済学科卒業。一橋大学大学院経済学研究科博士課程を経て、東京大学大学院総合文化研究科博士課程修了。現在、沼津工業高等専門学校非常勤講師。専攻は理論経済学、経済思想。

循環的・累積的因果関係論と経済政策
──カルドア、ミュルダールから現代へ──

2008年6月25日　第1版第1刷　　　　定価3500円＋税

著　者　槙　満信　Ⓒ
発行人　相良景行
発行所　㈲時潮社

　　〒174-0063　東京都板橋区前野町4-62-15
　　電　話　03-5915-9046
　　ＦＡＸ　03-5970-4030
　　郵便振替　00190-7-741179　時潮社
　　ＵＲＬ　http://www.jichosha.jp
　　E-mail　kikaku@jichosha.jp

印刷・相良整版印刷　製本・㈲武蔵製本

乱丁本・落丁本はお取り替えします。
ISBN978-4-7888-0629-0

時潮社の本

自由市場とコモンズ
環境財政論序説
片山博文著
Ａ５判・上製・216頁・定価3200円（税別）

現代を「自由市場環境主義」と「コモンズ環境主義」という2つの環境主義の対立・相克の時代と捉え、それぞれの環境主義相互の関連を理論的に考察し、コモンズ再建を主軸とした環境財政の原理を提起する。新たな環境財政原理の導出。

実践の環境倫理学
肉食・タバコ・クルマ社会へのオルタナティヴ
田上孝一著
Ａ５判・並製・202頁・定価2800円（税別）

応用倫理学の教科書である本書は、第1部で倫理学の基本的考え方を平易に解説し、第２部で環境問題への倫理学の適用を試みた。現行の支配的ライフスタイルを越えるための「ベジタリアンの倫理」に基づく本書提言は鮮烈である。

国際環境論〈増補改訂〉
長谷敏夫著
Ａ５判・並製・264頁・定価2800円（税別）

とどまらない資源の収奪とエネルギーの消費のもと、深刻化する環境汚染にどう取り組むか。身のまわりの解決策から説き起こし、国連を初めとした国際組織、ＮＧＯなどの取組みの現状と問題点を紹介し、環境倫理の確立を主張する。ロング・セラーの増補改訂版。

社会的企業が拓く市民的公共性の新次元
持続可能な経済・社会システムへの「もう一つの構造改革」
粕谷信次著
Ａ５判・並製・342頁・定価3500円（税別）

格差・社会的排除の拡大、テロ—反テロ戦争のさらなる拡大、地球環境の破壊——この地球で持続可能なシステムの確立は？　企業と政府セクターに抗した第３セクターに展望を見出す、連帯経済派学者の渾身の提起。『大原社問研雑誌』で書評